종교개혁자들과의 대화 Vol. 1
종교개혁과 예배

종교개혁자들과의 대화 Vol. 1
종교개혁과 예배

1쇄 발행 2016년 12월 19일
3쇄 발행 2018년 3월 9일

지은이 안재경
펴낸이 이의현
펴낸곳 SFC출판부
등 록 제 114-90-97178
　　　　(137-803) 서울특별시 서초구 고무래로 10-8 2층 SFC출판부
　　　　Tel. (02)596-8493 Fax. 0505-300-5437
홈페이지 www.sfcbooks.com　　**이메일** sfcbooks@sfcbooks.com

기획·편집 이의현
디자인편집 이새봄
영업마케팅 조형준
인쇄처 성광인쇄

ISBN 978-89-93325-98-0　04230

값 7,000원

잘못 만들어진 책은 언제든지 교환해드립니다.

종교개혁자들과의 대화 Vol. 1
종교개혁과 예배

안재경 지음

이 소책자는 온생명/광교장로교회의 후원으로 만들어졌습니다.

시리즈 서문

500년 전 1517년에 하나님께서는 루터와 같은 말씀의 종들을 세우셔서 거짓되고 부패한 교회를 순수한 말씀을 통해 새롭게 하셨습니다. 이 뜻깊은 해를 맞이하여 우리는 종교개혁의 정신을 정확하게 이해하고, 그것을 바탕으로 오늘의 우리를 성찰하며, 다음 세대에게 그 정신을 잘 전수할 수 있기를 간절히 기대하고 있습니다. 종교개혁이 무엇이었는가에 내한 논의는 지금까지 숱하게 이루어져 왔고 앞으로도 계속해서 연구될 겁니다. 고신레포Refo500 준비위원회는 "오직 말씀 위에 교회를!"(The Church on the Word Alone!)이라는 슬로건 하에 '성경'과 '교리'와 '역사'라는 세 가지 큰 영역을 중점적으로 살피면서 변화와 갱신의 운동인 종교개혁을 주목했습니다.

고신레포Refo500 준비위원회는 다양한 사업들 중 핵심 사업으로 『종교개혁자들과의 대화』 시리즈를 기획했습니다. 이 시리즈는 총 12권의 소책자로 구성되었는데, 종교개혁이 일으킨 변화를 예배로부터 시작하여, 교회, 역사, 교육, 가정, 정치, 경제, 문화, 학문, 교리, 과학, 선교까지 모두 12가지 영역을 다룹니다. 이 시리즈를 펴내는 이유는 먼저 종교개혁이 당시 로마교회의 미신적인 몇몇 행태를 개혁한 것이 아니라, 유럽 사회 전체를 변혁한 총체적인 개혁이었다는 것을 드러내기 위함입니다. 그리고 여기서 더 나아가 종교개혁이 당시 유럽사회를 구체적으로 어떻게 변화시켰는지 파악하고, 다음으로 이런 총체적인 개혁이 오늘날 우리에게 어떻게 적용될 수 있는지를 찾아가기 위함입니다.

종교개혁은 유럽 사회 전체와 모든 영역을 개혁한 전무후무한 말씀운동이었습니다. 그러므로 우리 스스로 종교개혁의 의의를 교회 내의 활동으로 국한시키는 어리석음을 범하지 말아야 합니다. 현대 기성 기독교인들은 물론 자라나는 기독 청소년들을 위해서도 이런 작업은 꼭 필요합니다. 우리 기독 청소년들이 교회에서 말씀을 잘 깨닫고, 그래서 사회의 어떤 영역으로 나가더라도 그 말씀을 가지고 개혁의 일꾼으로 살아갈 수 있어야 하기 때문입니다. 이 시리즈가 종교개혁이 우리 시대에 살아있는 역사로 자리매김하는 일에 조금이나마 도움이 되기를 바랍니다. 이 시리즈를 집필하느라 수고한 집필진들과 후원해준 교인들과 교회들, 그리고 출판을 책임져준 SFC출판부에게 진심으로 감사의 말씀을 전합니다.

2016년 12월

고신레포Refo500 준비위원회

종교개혁자들과의 대화
종교개혁과 예배

목차

시리즈 서문 … 5

들어가면서 … 11

제1장 교회와 예배 … 17
1) 교회는 예배공동체 … 18
2) 예배는 언약갱신예식 … 20
3) 직분을 통해 덕을 세우는 예배 … 23

제2장 고대교회: 말씀과 성찬의 2부 예배 … 27
1) 집회를 위한 공간 … 28
2) 주일과 2부예배 … 30
3) 세례의 중요성 … 33
4) 고해의 발생 … 39

제3장 중세교회: 미사 중심의 예배 … 43
1) 천상을 재현하는 건물 … 44
2) 미사의 지배 … 47
3) 교회력과 예식의 발전 … 51
4) 성인(聖人)숭배 … 54

제4장 종교개혁: 말씀 중심의 예배 — 59

1) 설교단이 중심인 건물 — 60
2) 직분과 말씀의 회복 — 62
3) 성찬이해로 갈라진 예배 — 67
4) 기도와 찬송 그리고 연보의 회복 — 72

제5장 장로교 예배지침 — 81

1) 예배의 규정적 원리 — 82
2) 웨스트민스터 예배지침 — 86
3) 공적인 일로서의 예배 — 89

나가면서 — 93

부록: 예배순서(예) 해설 — 97

참고문헌 — 117

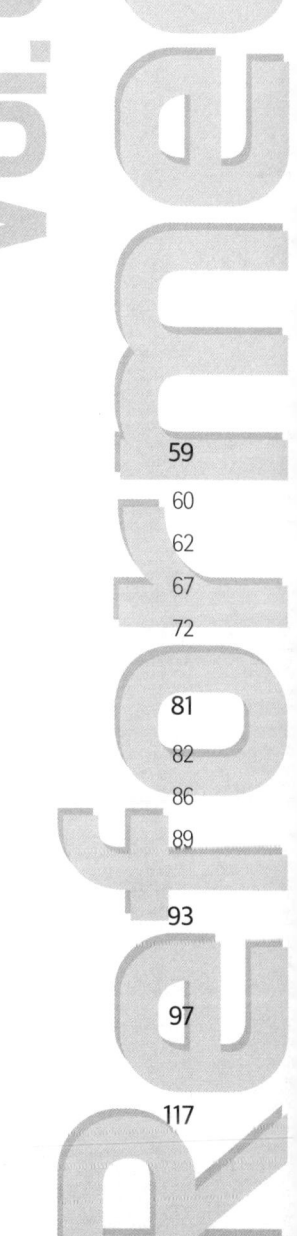

Re
form
ed

들어가면서

예배 없는 종교는 없다?

예배 없는 종교가 있을까요? 아마도 없을 겁니다. 모든 종교에는 예배가 있습니다. 모든 종교는 신을 예배하기 때문입니다. 옛날 우리 어머니들이 목욕재계하고는 뒷마당 장독대 위에 정화수를 떠놓고 두 손을 싹싹 빌면서 '비나이다 비나이다'라고 했던 것도 그 한 가지 예입니다. 등산을 하다 보면 곳곳에 돌로 무덤을 쌓아 놓은 것을 볼 수 있는데, 우리 조상들은 그렇게 작은 돌을 하나씩 올려놓으면서 소원을 빌기도 했습니다. 아마도 산신령에게 빌었을 겁니다. 뿐만 아니라 그들은 해와 달에게도 빌었습니다. 이렇듯 사람은 무언가를 예배해야만 하는 존재입니다. 비록 타락했지만 종교성은 여전히 남아 있어서 신을 찾게 되는 겁니다.

다시 말하지만 예배는 모든 종교에 보편적인 현상입니다. 심지어 믿지 않는 이들도 다급한 일을 만나면 그 입에서 '아이고, 하느님'이라는 말이 튀어 나옵니다. 모든 종교가 자신들의 신을 예배한다면, 기독교는 기독교의 신을 예배한다는 것 외에 다른 종교와 무슨 차이가 있을까요? 예배(Worship)를 영어로 풀어보면, '가치를 인정하는 것'(worth+ship)이 됩니다. 즉 신에게 합당한 경외감을 표현하는 것, 또는 신에게 마땅히 돌려야 할 영광을 돌리는 것이 예배란 말입니다. 그런 점에서 모든 종교는 나름대로 자신들의 신을 극진히 섬깁니다. 사실 지극정성의 측면에서 보자면, 기독교의 예배가 다른 종교나 이단들의 종교의식에 비해 얼마나 나을지 의문입니다. 기독교의 예배가 이슬람의 예배보다 더 천박할 때조차 있습니다.

기독교의 예배가 갖는 독특함은 어디에서 찾아야 할까요? 종교개혁은 한 마디로 예배의 개혁이었습니다. 종교개혁은 로마교회의 악습 몇 가지만을 개혁한 것이 아니라 예배 자체를 개혁함으로써 근본적인 개혁을 이루었습니다. 잡다한 종교의식들을 참된 예배로 탈바꿈시킨 것은, 어떤 점에서 지나치게 거룩하게 된 것을 세속화(?)시킨 것이라고 말할 수 있습니다. 이는 가장 긍정적인 의미에서 '세상화'라고도 말할 수 있습니다. 거룩한 영역과 속된 영역으로 이원화되었던 것을 하나로 통합하고, 그 통합을 예배와 삶을 통해 구현했기 때문입니다. 종교개혁으로 인해 예배는 삶과 유리된 어떤 의식이 아니라 삶과 통합된 것이 되었습니다.

종교개혁의 예배는 단지 중세교회의 예배를 개혁한 것만은 아닙니다. 그것은 고대교회의 예배의 정신과 원리를 회복한 것이었고, 나아가 구약시대 제사의 정신을 회복한 것이었습니다. 우리는 초대교회로부터 주후 2~5세기로 접어들면서 교회가 행했던 예배의 모습을 살펴볼 필요가 있습니다. 종교개혁의 예배는 공중에서 한 순간에 뚝 떨어진 것이 아니기 때문입니다. 고대교회로부터 지금까지 내려오는 예배의 역사를 살필 때 많은 것을 배울 수 있을 겁니다. 특히 예배에서 영속적으로 존재해야 할 요소와 순서가 고대교회로부터 있어왔다는 것, 그러나 이후 중세교회를 거치면서 예배가 변질되었다는 것을 알 수 있습니다.

예배를 배워야 한다는 말이 이상하게 들리나요? 예배는 그냥 하기만 하면 되는 거라고 생각하나요? 아닙니다. 예배도 배워야 합니다. 십계명의 제2계명은 눈에 보이는 우상을 버리라는 계명이기도 하지만, 우리의 예배가 하나님께서 규정해주신 원리와 방식이 아니라 우리가 원하는 원리와 방식으로 하는 것이라면 우상이 될 수밖에 없음을 지적하는 계명이기도 합니다. 그러므로 수없이 예배하면서도 정작 하나님과 교제하는 것이 아니라 우상을 섬기는 것이 될 수 있음을 알아야 합니다. 유대인들이 그러했습니다. 그들은 성전에서 끊임없이 제사로 예배했지만, 정작 하나님께서는 성전문을 닫아버렸으면 좋겠다고 말씀하셨습니다(말라기 1장 10절). 제사로 예배함으로써 하나님께 나아갈 수 있는데, 그 길을 하나님께서 막아 버렸으면 좋겠다고 하신 겁니다. 혹시 오늘 우리의 예배에 대해서도 그렇게 말씀하시지는 않을까요?

오늘 우리의 예배는 어떠한가요? 형식과 외식으로만 가득 찬 예배는 아닌가요? 우리의 종교성만 드러나고, 우리의 감정과 욕망만 충족시키는 예배는 아닌가요? 종교개혁으로 새롭게 된 교회가 다시금 로마교회의 예배로, 아니면 유대인들의 타락한 예배로 돌아가고 있지는 않나요? 물론 종교개혁이 회복한 예배라 해서 온전한 예배는 아닙니다. 거기에는 당시 로마교회에 대한 지나친 반작용의 태도도 포함되어 있습니다. 성찬식에 대한 태도가 그런 예입니다. 그런 점에서 우리는 종교개혁의 예배에서 미흡한 부분을 찾아 하나님께서 기뻐하시는 참 예배를 할 수 있어야 합니다.

예배는 막연한 것이 아닙니다. 예배는 구체적인 공간과

시간과 의식을 통해 표현됩니다. 그러므로 예배를 배우기 위해서는 예배공간의 변화, 교회력의 발전, 성례에 대한 이해를 함께 살펴볼 필요가 있습니다. 그래서 이 소책자에서는 교회와 예배의 관계를 먼저 살펴본 다음, 고대교회의 예배(말씀과 성찬의 2부 예배), 중세교회의 예배(미사 중심의 예배), 종교개혁의 예배(말씀 중심의 예배)를 순서대로 살펴보고, 마지막으로 예배지침에 근거하여 예배순서를 설명할 겁니다. 종교개혁 500주년을 맞아 무엇보다 예배가 무엇인지를 제대로 알고 바르게 예배함으로써, 예배의 환희를 회복해야 합니다. 하나님께서는 공예배를 통해 우리에게 필요한 은

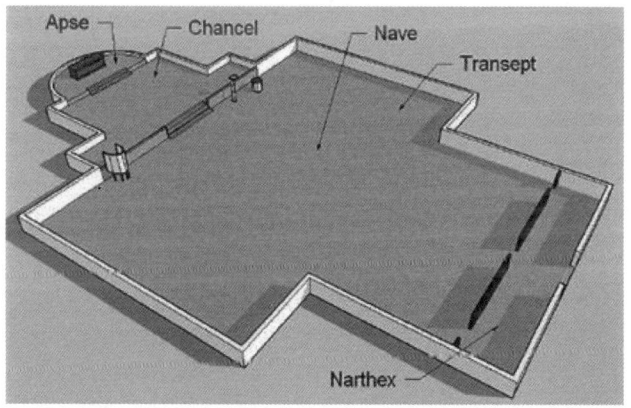

[그림 1] 예배공간의 기본 단면도
신약교회 예배공간의 기본골격은 십자형입니다. 방향은 서쪽에서 들어가 동쪽을 보면서 예배하도록 했습니다. 세속과 거룩한 곳을 나누는 공간이 나르텍스이고, 이어서 회중석(네이브)이 나오고, 십자를 이루기 위해 수랑(트렌셉트)을 만들었습니다. 그리고 사제들과 성가대 좌석이 놓이는 곳이 챈슬이고, 제단이 놓이는 반원형 공간이 후진(앱스)입니다.

혜를 남김없이 부어주실 겁니다. 예수님께서 부자 청년에게 '한 가지'가 부족하다고 말씀하시고, 또 예수님 발아래에 앉아 있던 마리아에게 '좋은 편'을 택했다고 말씀하신 것처럼 예배 하나만으로도 넉넉한 겁니다. 우리의 예배가 다른 것이 더 이상 필요하지 않은 예배가 될 수 있기를 바랍니다.

제1장
교회와 예배

　한국교회는 신자들의 모임을 모두 예배라고 부릅니다. 주일예배만이 아니라 새벽예배, 수요예배, 금요예배 등이 있습니다. 예배가 너무 많습니다. 그렇다 보니 주일에 모든 회중이 함께 하나님 앞에 나아가는 예배도 수많은 예배 중의 하나에 불과합니다. 엄격하게 말하면, 주일에 모든 회중이 함께 모여서 하나님과 공적으로 만나는 모임만이 예배입니다. 그 밖에 모든 모임들은 개인 또는 어떤 기관이나 구역의 신앙적 필요를 위해 만든 경건활동일 뿐입니다. 주일공예배 외의 모임들은 경건회나 기도회로 부르는 것이 좋습니다. 공예배는 신자 개인의 이런 저런 경건활동이나, 기도회나 성경공부 등과 같은 신자들의 경건활동과는 다릅니다.

공예배는 말 그대로 공적인 예배입니다. 하나님과의 공적인 관계를 맺는 겁니다. 따라서 공예배 없이는 교회도 존재할 수 없습니다. 교회의 모든 활동은 예배를 중심으로 해야 합니다. 예배를 아는 것이 무엇보다 중요합니다.

1) 교회는 예배공동체

교회를 공동체의 관점에서 접근하는 이들이 많습니다. 교회를 굳이 공동체라고 불러야 한다면, 어떤 공동체라고 부르는 것이 좋을까요? 교회는 가르치는 학교의 특징이 있습니다. 또한 교제를 나누는 사교의 특징도 있습니다. 사회를 위해 다양하게 봉사하는 특징도 있습니다. 이런 특징들을 넘어 교회는 하나님을 예배하는 공동체라고 부르는 것이 가장 적합합니다(출애굽기 3장 12절; 말라기 3장 18절; 요한계시록 7장 15절). 교회는 믿는 이들이 자신들의 목적을 위해 세운 자발적인 결사단체가 아닙니다. 교회는 위로부터 내려주신 선물입니다. 즉 사람의 모임이 먼저가 아니라 하나님께서 위로부터 베푸시는 은혜의 방편(하나님께서는 방편없이 은혜를 내려주시지 않는데, 그 은혜의 방편이 말씀과 성례이다)이 먼저요, 이 은혜의 방편으로 교회가 세워지는 겁니다. 이 은혜의 방편은 예배를 통해서 나타납니다. 예배를 통해서 교회는 자신의 모습을 세상 가운데 드러냅니다. 어떤 방식의 예배인지가 중요하지만, 원칙적으로 예배가 있는 곳에 교회가 있다고 말해도 됩니다. 예배는 교회의 여러 활동들 중의 하나가 아니라 교회의 모든 것입니다. 이 예배에서 교회의 다른 모든 활동들이 파생되어 나옵니다.

공적인 예배는 모든 회중이 함께 모여 직분자의 인도에 따라 예배하되, 은혜의 방편이 베풀어지는 자리입니다. 그렇기 때문에 공예배가 곧 교회의 얼굴입니다. 교회 건물이나 교회의 상징인 십자가가 교회를 대변하는 것이 아닙니다. 사실 성도의 삶이 교회를 대변한다고도 말할 수 있지만, 이것은 지극히 사적인 방식으로 교회를 해석하는 것일 뿐입니다. 교회가 교회의 모습을 세상에 드러내는 곳은 예배의 자리입니다. 교회는 예배를 통해 온 세상에 자신의 정체성을 드러냅니다. 교회는 예배의 요소와 순서를 통해 자신이 삼위 하나님을 어떻게 만났으며, 그 삼위 하나님과 어떻게 교제하는지를 하나의 분명한 논리와 흐름으로 고백합니다. 예배에 성경과 신학과 고백이 고스란히 녹아 있습니다. 공예배는 단순히 개인적인 경건활동이 아니라 하나님의 백성들이 그리스도의 몸을 이루어서 하나님께 나아가는 공적인 활동입니다. 교회와 신자는 공예배에 의해 결정됩니다.

2) 예배는 언약갱신예식

개혁한 교회의 예배는 한마디로 말해서 '언약적 예배'입니다(창세기 17장 1~2절; 출애굽기 6장 7절; 민수기 15장 41절). 하나님께서 자기 백성들에게 찾아와 주셔서 맺으신 언약은 세상 사람들이 맺는 계약과 질적으로 다릅니다. 세상의 모든 계약은 두 당사자의 자발적인 계약에 의해 이루어집니다. 이에 반해 하나님께서 자기 백성과 맺으신 언약은 하나님의 일방성이 두드러집니다. 하나님께서 일방적으로 자기 백성을 부르시고 그들과 더불어 언약을 맺으십니다. 하나님께서는 전혀 걸맞지 않은 이들을 언약의 당사자로 부르십니다. 언약을 맺은 후에는 두 당사자에게 수행해야 할 의무가 주어집니다. 하나님과 백성들은 각자의 의무들에 신실하게 반응해야 합니다. 개혁한 교회의 예배 요소와 순서에는 이러한 언약의 일방성과 쌍방성이 분명하게 드러납니다. 예배순서 하나하나에 언약적인 요소가 면면이 녹아 있습니다. 예배요소와 순서마다 하나님께서 자기 백성을 찾아오시는 부분들과, 백성들이 하나님께 응답하는 부분들이 분명하게 구분됩니다. 교회는 하나님으로부터 먼저 받고, 그다음에 받은 것을 가지고 하나님께 올려드립니다. 예배는 삼위 하나님께서 행하신 모든 것을 기쁨으로 받고, 삼위 하나님께 그 감사를 표현하는 겁니다. 기독교 예배는 다른 종교들의 예배와 구별되는 언약적이고 은혜적인 성격을 지닙니다.

출애굽의 역사는 정치적인 독립의식이 아니라 언약백성의 예배를 잘 보여줍니다. 하나님께서 이스라엘 백성을 출애굽시키시고 그들을 가장 먼저 인도한 곳이 시내산입니다. 그 시내산에서 하나님께서는 이스라엘 백성과 언약을 맺으십니다. 모세는 신명기에서 이 모임이 하나님께서 '모으라'고 명령하신 것에서부터 출발했다고 밝힙니다(신명기 4장 10절). 이 '모으라'는 말에서 회중이라는 용어가 나왔고, 나중에 이것이 '교회'라는 용어로 번역됩니다. 하나님께서는 이 모임에서 다양한 제사제도와 율법 등을 주셨습니다. 그들로 하여금 지속적으로 하나님을 예배토록 하셨습니다. 이후로 구약교회는 역사의 중요한 기로에서 언약갱신예식을 지속적으로 행했습니다. 신명기가 이런 언약갱신예식서입니다. 오늘날 우리가 하는 매주일의 공예배가 이같이 언약을 갱신하는 예식입니다. 즉 공예배야말로 하나님과 처음으로 맺은 언약이 지속적으로 갱신되는 은혜로운 자리요, 교회가 하나님의 회중으로 계속해서 남아있을 수 있는 근거가 됩니다.

[그림 2] 종교개혁의 화가 렘브란트가 그린 <율법의 판을 박살내는 모세>
예배가 언약갱신예식이기에 예배 때 언약문서인 십계명을 낭독하는 것이 적합합니다.

언약으로 우리를 찾아와 주시는 하나님께서는 '삼위 하나님'이십니다. 우리가 믿는 하나님께서는 단일하신 하나님이 아니라 삼위일체 하나님이십니다. 우리의 예배 또한 삼위일체 하나님과의 교제여야 합니다(요한복음 3장 23~26절; 로마서 8장 9절). 우리의 예배는 단일신을 섬기는 유대교나 모슬렘의 예배와는 달라야 합니다. 성부 하나님을 예배한다고 하지만, 성자를 통하지 않고서 어떻게 성부를 알고 예배할 수 있을까요? 성자 예수님을 강조한다고 하지만, 그것이 도덕적인 구호에 그쳐 버린다면, 어떻게 성령의 역사를 경험할 수 있을까요? 성령 하나님께서 행하시는 기적과 은사만을 강조하는 예배라면, 어떻게 성부께 영광을 돌리고, 성자를 드러내는 예배가 될 수 있을까요? 역설적이게도 개신교의 예배보다 로마교회의 미사에 삼위일체 하나님을 고백하는 순서들이 더 많습니다. 개신교는 반성할 필요가 있습니다.

3) 직분을 통해 덕을 세우는 예배

종교개혁은 하나님께서 직분을 통해 교회를 다스리신다고 믿었습니다(에베소서 4장 11~12절). 개혁한 교회에서 예배는 신자들이 직분자들의 인도를 받아 주의 거룩한 몸을 이루어 하나님께 공식적으로 나아가는 겁니다. 장로교회의 예배는 감독주의처럼 사제만이 활동적인 예배도 아니며, 회중교회처럼 회중만이 활동적인 예배도 아닙니다. 예배에 모든 직분자들(목사, 장로, 집사)의 직분사역이 분명하게 드러납니다. 직분자들은 예배를 위해 부름받았기 때문에 함께 협력하여 예배를 섬겨야 합니다. 이렇게 직분자들이 총출동(?)하는 예배는 하나님과의 친교뿐만 아니라 그리스도의 구속사역도 온전하게 드러냅니다. 예배를 통해 자신의 직분사역을 확인하지 못한 직분자들은 다른 활동을 통해 자신의 위치를 확보하고 목소리를 높이려고 할 겁니다.

개혁한 교회의 예배가 언약적임에도 불구하고 목사 개인의 원맨쇼처럼 보일 수도 있습니다. 교인들의 참여를 배제하고 목사 한 사람이 로마교회의 사제처럼 홀로 예배를 이끈다는 느낌이 강할 수 있습니다. 예배요소와 순서를 지나치게 고정시킨 것도 이런 인상에 한 몫 합니다. 예배는 언약적이기에 하나님을 향한 상향운동과 하나님의 백성을 향한 하향운동을 함께 가져야 합니다. 일방적이어서는 안 됩니다. 하나님께 드리는 것과 하나님께서 주시는 것이 함께 있어야 합니다. 엄밀히 말하자면, 우리는 하나님으로부터 받은 것으로만 하나님께 드릴 수 있습니다. 그래서 '예배를 드린다'는 표현보다는 '예배한다'는 표현이 더 낫습니다. 예배를 보는 것도 아닙니다. 예배는 신에게 나 자신을 드리고자 하는 종교성이 아니라 하나님께서 은혜로 주신 것을 받아 하나님께 올려드리는 감사이기 때문입니다.

예배에는 상향과 하향의 운동만 있는 것이 아닙니다. 십자가의 세로대 외에 가로대가 있듯이, 예배에는 성도들끼리 서로 나누고 덕을 세우는 것도 있습니다(고린도전서 14장 26절). 공예배로 신자들이 그리스도의 몸을 이루어서 하나님께 나아갈 때, 서로를 바라보는 것만으로도 얼마나 감사한지 모릅니다. 한 주간 동안 세상에서 살 때는 혼자인 것

같았습니다. 고독 가운데 몸서리칠 때도 있었습니다. 그런 신자들이 그리스도의 한 몸을 이루어서 하나님께 나아간다고 생각하면 얼마나 감격스러울까요? 예배할 때 오직 하나님만 바라보고 곁눈질하지 말라고 할 것이 아니라, 모든 신자들이 함께 주의 몸에 속해서 예배해야 한다는 것을 가르쳐야 합니다.

◈ 토론을 위한 질문 ◈

1) 교회는 예배공동체라는 것과 예배할 때 교회가 생겨난다는 말의 의미는 무엇일까요?

2) 종교개혁의 예배가 다른 종교의 예배와 다른 점은 무엇일까요? 종교개혁의 예배는 언약적인 예배이며, 언약갱신 예식이라는 것은 어떤 의미일까요?

3) 예배는 회중의 참여와 더불어 직분적인 문제입니다. 예배가 직분을 통해 덕을 세우는 것이라면, 직분자를 어떻게 바라보아야 할까요?

제2장

고대교회: 말씀과 성찬의 2부 예배

초대교회는 유대교와 로마제국의 핍박, 그리고 내부의 교리적인 혼란 속에서도 삼위 하나님을 고백하며 예배했습니다. 처음에 교회는 순교자들의 무덤에서 예배하다가, 나중에는 이 무덤 위에 예배당을 세웠습니다. 이후에 로마제국이 기독교를 공인하자, 고대교회는 공공건물인 바실리카에서 예배하기 시작했습니다. 고대교회는 유대인들의 회당 예배에서 많은 힌트를 얻어 말씀중심의 1부 예배와 그리스도께서 친히 제정하신 성찬을 중심으로 하는 2부 예배로 나누어 예배했습니다. 세례가 죄를 씻는 예식으로 자리잡으면서, 세례를 받은 사람만이 2부 예배에 참석할 수 있었습니다. 이후에 고해가 도입되었는데, 이는 세례 이후의 죄를 씻기 위한 방편이었습니다. 이 세례와 고해가 이후 교회예배에 큰 영향을 미쳤습니다.

1) 집회를 위한 공간

오순절 성령강림으로 인해 세워진 신약교회의 교인들은 예배할 곳이 없었습니다. 당시 로마사회에서 유대인들은 자신들의 회당에서, 이교도들은 자신들의 신전에서 예배했습니다. 기독교인들은 예배할 장소를 따로 얻을 수 없어서 어디서든지 예배했습니다. 예배하기 제일 쉬운 곳은 믿는 이들의 집이었습니다. 초대교회를 소위 '가정교회'라고 부르기도 합니다. 하지만 요즘 '가정교회'라는 말은 교회의 특정한 형태를 지칭하는 것이기 때문에, 초대교회의 모습을 '가옥교회'라고 부르는 것이 좋겠습니다.

초대 기독교인들은 유대인들로부터 핍박을 받았습니다. 유대교는 기독교를 유대교의 이단이라고 주장했습니다. 로마제국은 기독교인들을 보호하지 않고 황제숭배를 강요했습니다. 이에 순교자들이 생겨났고, 기독교인들은 일시적으로 로마근교의 공동무덤인 카타콤으로 숨어 들어가 예배했습니다. 지금의 터키지역인 갑바도기아 지역에서는 핍박으로 인해 지하도시를 건설하여 그곳에서 생활하며 예배하기도 했습니다. 이후에 순교자들의 무덤이 예배당(martyrium)으로 변모했습니다. 지하무덤은 어둡고 습하였기 때문에 지상으로 예배당을 올린 겁니다. 예배당은 무덤 위에 원형이나 사각형의 중앙집중식 건물을 지었으며, 벽에는 다양한 벽화를 그려 넣었고, 예배당 앞자리에는 성찬 테이블을 놓았습니다. 이후 예배당 입구에 세례조(洗禮槽; 욕조와 같은 세례받는 큰 용기)가 만들어졌고, 이어서 세례당이 따로 만들어졌습니다.

기독교가 로마제국의 종교가 되면서부터는 독립적으로 예배할 곳을 마련했습니다. 이교도들의 신전이 있었지만, 그것을 청소하여 예배당으로 바꾸는 것은 적절하지 않다고 생각했습니다. 예를 들어, 로마의 신전은 사방으로 둘러가면서 기둥이 서 있었고, 내부는 몇몇 신상을 배치한 좁은 공간뿐이었습니다. 이교도들은 신전 안이 아니라 신전 앞에서 제사하고 집회를 가졌기 때문입니다. 기독교회가 예배하기 위해서는 넓은 공간이 필요했습니다. 이에 새로운 건물을 짓기보다 공공집회 건물인 바실리카를 리모델링하여 예배장소로 사용했습니다. 신전과는 달리 바실리카는 기둥이 내부로 들어와서 회중석과 양쪽 통로가 구분되었고, 천장은 평평했습니다. 여기에 반원형의 개선문과 같은 처리를 하고

[그림 3] 고대 바실리카교회당의 모습
이때부터 설교단은 회중석으로 튀어 나온 반면, 제단은 뒤로 물러나 회중석에서 유리되기 시작합니다.

그 아래에 성찬상을 놓았습니다.

2) 주일과 2부 예배

신약교회는 안식일이 아닌 '한 주간의 첫날'에 모여서 예배했습니다(사도행전 20장 7절; 고린도전서 16장 2절). 한 주간의 첫 날은 오늘날의 주일인데, 교회는 이 날을 주님이 부활하신 날이라 하여 '주의 날'이라고 부르고, 이 날을 '제8일'이라고 부르기도 했습니다(안식일이 제7일이기에 안식일 다음날은 제8일이 됩니다). 고대교회에는 제8일을 기념하여 세례조를 팔각형으로 만들었습니다. 물론 이는 구약시대에 아이가 태어난 지 제8일째 할례를 행한 것과도 연결됩니다.

초대교회의 예배는 기본적으로 사도들의 가르침, 연보를 통한 교제, 떡과 잔을 나누는 성찬, 필요를 구하는 기도로 구성되었습니다(사도행전 2장 42절). 사도들의 가르침이 가장 먼저 나오는 것을 보면, 초대교회의 예배순서는 유대교 회당에서 배운 것이 분명합니다. 유대교 회당예배는 말씀 위주의 예배였기 때문입니다. 성경에서 확인할 수 있듯이, 예수님께서도 회당에서 성인 유대인의 권리였던 구약성경을 읽고 그것을 해설하셨습니다. 말씀을 중심한 회당예배가 자연스럽게 신약교회의 예배에 도입되었고, 구약성경을 읽은 다음 그것이 그리스도를 가리킨다고 해설했습니다. 이후에 신약성경이 기록되자, 이방의 땅에 세워진 교회에서는 사도들의 편지를 읽고 듣는 것이 예배의 중요한 순서로 자리했습니다. 이때 매 주일마다 어떤 성경을 읽어야 할지 처음부터 정해 놓지는 않았습니다. 그러다가 그리스도의 구속사역을 중심한 교회력이 생겨나면서부터 1년에 걸쳐 매 주일마다 읽을 성경구절을 정했습니다.

초대교회 예배에는 '노래'도 있었습니다. '시와 찬미와 신령한 노래들'이 예배를 풍성하게 했습니다(에베소서 5장 19절; 골로새서 3장 16절). 구약성경의 시편이 처음부터 예배에서 중요한 자리를 차지했을 뿐만 아니라 마리아와 사가랴의 찬미나 그리스도께서 행하신 일을 영적인 감흥으로 노래한 것들도 있었습니다. 초대교회 예배와 삶에서 '기도'도 중요한 역할을 했습니다. 예수님께서 제자들의 요청에 따라 가르쳐주신 기도(주기도문)는 새로운 간구였을 뿐 아니라 새로운 예배가 시작됨을 보여주었는데, 이 기도가 성찬식을 포함해 교회의 기도 마지막 부분에 사용되었습니다.

예수님께서는 제자들과 더불어 유월절에 최후의 만찬을 나누시면서 성찬식을 제정하셨습니다. 식사 끝에 떡과 잔을 따로 나누어 주시면서 이 떡은 내 몸이라고 하셨고, 이 잔은 내 피라고 하셨습니다. 이로써 예수님께서는 자신의 십자가 희생을 통해 새로운 예배가 시작될 것과, 또한 그 새로운 예배의 형식은 식탁의 교제를 특징으로 할 것임을 밝히셨습니다. 그래서 초대교회의 예배는 떡을 떼기 위해 모인다는 표현을 사용하기도 했습니다(사도행전 20장 7절).

고대교회는 예배를 2부로 구성했습니다. 1부는 말씀예전이고, 2부는 성찬예전이었습니다. 세례 받지 못한 이들은 말씀예전에만 참석할 수 있었습니다. 1부 말씀예전이 끝나면,

목사는 세례 받지 못한 사람을 내어보내고 문지기를 세웠습니다. 세례 받지 못한 사람이 성찬예전을 구경하지도 못하게 한 것입니다. 2부 성찬예전이 시작되면, 신자들끼리 평화의 입맞춤을 하고는 가지고 온 떡과 잔을 내놓고 그것을 그리스도의 살과 피라고 말하면서 나누어 먹었습니다. 이렇게 비밀리에 성찬식을 행했기에, 그 안에서 이루어지는 일에 대해 좋지 않은 풍문이 돌기도 했습니다. 신자들이 사람의 인육을 먹는다느니, 동성애를 조장한다느니 하는 풍문이었습니다. 어쨌든 2부 예배에 참여하기 위해서는 반드시 세례를 받아야 했습니다. 세례가 없이는 신자가 될 수 없었습니다.

3) 세례의 중요성

구약성경에는 정결례에 관한 율법이 있습니다. 가나의 혼인잔치에서 포도주가 떨어졌을 때, 예수님께서는 '유대인의 정결예식을 따라 두세 통 드는 돌 항아리'(요한복음 2장 6절) 여섯이 있는 것을 보시고는 그 통에 물을 채우게 하신 뒤 그 물을 떠서 연회장에 갖다 주라고 하셨습니다. 이는 예수님께서 구약시대의 정결례를 성취하신 분임을 보여주는 대목입니다. 예수님 당시 유대인들은 외출하고 나서 반드시 손과 발을 씻어 자신을 정결하게 했습니다. 씻지 않고 음식을 먹으면 부정하게 되는 것으로 생각했습니다. 예수님께서 잡히시기 전날 밤에 식사 자리에서 일어나 제자들의 발을 씻기신 것도 이런 이유에서입니다. 그런데 당시 제자들은 무슨 이유에서인지 식사 전에 발을 씻지 않았습니다. 서로 눈치를 보며 상대방이 자기를 씻어 주기를 바랐는지도 모릅니다. 놀랍게도 예수님께서 친히 허리에 수건을 두르시고는 제자들의 발을 씻기셨습니다. 종들이 하는 일을 선생이 직접 했으니 제자들이 얼마나 무안했을까요?

예수님께서는 정결례가 가리키던 것을 세례를 통해 시행하라고 제자들에게 명령하셨습니다. 부활하신 후 갈릴리에서 제자들에게 명령하신 것이 그것입니다(마태복음 28장 19~20절). 즉 아버지와 아들과 성령의 이름으로 세례를 주라는 것이었습니다. 초대교회는 이 세례에 대해 크게 강조했습니다. 세례는 그리스도와 함께 죽고 사는 것을 뜻했습니다. 세례식은 장례식이었을 뿐만 아니라 출생식이기도 했습니다. 고대교회도 세례식을 중요하게 생각해서 예배당이나 그 입구에 세례조(洗禮槽)를 만들었습니다. 세례 받지 않은 사람은 하나님의 교회에 들어갈 수 없음을 강력하게 시위한 것이었습니다.

고대교회의 세례는 아주 엄격했는데, 고대교회의 가장

오래된 예배문헌인 로마주교 히폴리투스의 『사도전승』에 보면, 세례 받고 싶은 이들은 먼저 세례예비자로 등록을 해야 했고, 목사들 앞에 나와서 자신의 형편을 증언해야 했습니다. 즉 자신들이 어떤 일을 하고 어떤 직업을 가졌는지 말해야 했는데, 그 중에 조각가, 화가, 배우, 연출가, 교사, 검투사, 신전의 제관 등은 그 일과 직업을 버리고 오라는 말을 들어야 했습니다. 이들 직업들은 신화를 가르치는 일을 하기 때문이었습니다. 세례예비자들은 3년 동안 말씀을 배웠고, 교리교육이 마칠 때쯤에는 생활 전반에 대해 점검을 받았습니다. 이에 대해 앞의 책에는 "세례 받을 사람들을 선발할 때에 그들의 생활에 대하여 심사할 것이다. 예비자로 있

[그림 4]
로마 인근의 카타콤에서 발견된 프레스코화
사제가 세례를 베풀지만, 비둘기 모양의 성령께서 함께 세례를 베푼다는 것을 잘 묘사하고 있습니다.

는 동안 그들이 성실하게 살았는지, 과부들을 공경했는지, 병자들을 방문했는지, 온갖 종류의 선행을 행했는지 물어볼 것이다. 그들을 인도했던 사람들이 그들 각자에 대해 증언할 것이다."라고 기록되어 있습니다.

세례식은 부활절 전날 저녁에 거행됩니다. 온 교인이 모인 가운데 목사는 세례 받을 이들을 무릎 꿇게 하고, 그들에게 안수하면서 모든 악한 영들이 떠나가도록 기도합니다. 그런 다음에 그들의 얼굴에 숨을 내쉬고, 그들의 귀와 코에 십자 표시를 한 후 일어서게 합니다. 이후 밤새도록 성경을 읽고 말씀을 배웁니다. 새벽이 되면 모두가 흐르는 물로 가서 세례 받을 사람들은 옷을 벗고, 어린아이들이 있으면 그들이 먼저 세례를 받게 합니다. 세례 받을 사람은 사탄을 예배하거나 미신적인 행위들을 모두 끊어버린다고 외쳐야 하고, 그러면 장로가 기름을 발라줍니다. 세례 받을 사람이 물로 내려갈 때는 목사가 같이 내려갑니다. 목사는 "전능하신 아버지 하나님을 믿느냐?"고 묻고, 세례 받을 사람이 "믿습니다."라고 대답하면 그의 머리에 안수하면서 침수시킵니다. 그런 다음 "하나님의 독생자 우리 주 예수 그리스도, 성령으로 잉태하사 동정녀 마리아에게 나시고…"라고 묻고, "믿습니다."라고 답하면 두 번째 침수를 시킵니다. 마지막으로 "성령과 거룩한 교회와 육신의 부활을 믿느냐?"라고 묻고, "믿습니다."라고 답하면 세 번째로 침수시킵니다. 세례 받은 사람이 물에서 올라오면, 장로는 거룩한 기름을 그에게 바르면서 "나는 예수 그리스도의 이름으로 당신에게 거룩한 기름을 바릅니다."라고 말합니다.

그 후 세례 받은 사람이 몸을 닦고 옷을 입고 예배당으로 들어가면, 목사는 그에게 안수하면서 다음과 같이 기도합니다. "이들을 성령의 재생의 목욕을 통하여 죄사함을 얻기에 합당한 사람들이 되게 하신 주 하나님, 주님의 은혜를 이들에게 내려주시어 주님의 뜻에 따라 주님을 섬기게 하옵소서. 영광이 아버지 주님께와 성령과 함께 성자께 거룩한 교회 안에서 이제와 세세에 있을지어다, 아멘!" 그런 다음 거룩한 기름을 세례 받은 사람의 머리에 붓고 안수합니다. 또한 이마에 십자 표시를 하고 입을 맞추면서 "주께서 당신과 함께"라고 말합니다. 그러면 세례 받은 사람은 "또한 목사님의 영혼과 함께"라고 응답합니다. 이제 세례 받은 사람은 회중과 함께 기도할 수 있습니다. 세례받기 전에는 신자들과 함께 기도하지 못했습니다. 이렇게 기도하고 난 다음에는 다른 신자들과 함께 평화의 입맞춤을 나눕니다. 그리고 성찬식이 시작됩니다. 세례 받은 사람도 이 성찬식에 참여할 수 있습니다.

이러한 고대교회의 세례식은 오늘날의 세례식과는 너무나 달랐습니다. 세례식은 믿기 이전과 이후를 확실하게 갈라내는 예식이었습니다. 기독교가 로마제국의 국교가 되면서 제국의 모든 사람들이 신자가 되려고 교회로 쏟아져 들어오게 되자, 교회는 과거와 같은 방식으로 세례를 진행하기가 힘들게 되었습니다. 신자의 자녀들도 문제였습니다. 왜냐하면 세례는 할례처럼 하나님의 백성이라는 인을 치는 것이기 때문에, 신자의 자녀라면 누구나 세례를 주어야 했습니다. 그들에게 어떤 준비나 고백이 없더라도 말입니다. 이런 이유로 세례는 기로에 서게 되었습니다.

한편 신자들 중에서도 자기 자녀를 세례 받게 하는 것을 미루기 시작했습니다. 세례는 죄 씻음이기 때문에 하루라도 일찍 세례를 받게 하는 것이 좋지만, 문제는 세례 이후였습니다. 세례 이후에 짓는 죄는 어떻게 되느냐는 겁니다. 그럴 경우 세례를 되도록 미루는 것이 좋겠지요. 가능하면 죽기 직전까지 미루는 것이 좋다고 생각했습니다. 죽기 직전에 세례 받고 죽으면 죄지을 기회가 없으니, 그것만큼 좋은 것이 없다는 것이죠. 그런데 죽음이라는 것이 자기 마음대로 되는 것이 아니기 때문에, 대안으로 생겨난 예식이 고해입니다. 세례 이후에 짓는 죄를 씻기 위함이었던 겁니다.

4) 고해의 발생

예배에 관해 언급하는 신약성경 본문들에서는 죄의 고백이 구체적으로 나타나지 않습니다. 초대교회가 성령이 충만했기에 죄의 문제가 발생하지 않았던 것이 아닙니다. 그보다 세례를 통해 죄의 문제가 해결되었다는 확신이 든든히 자리잡았을 겁니다. 그렇다 하더라도 신자들의 실제 삶에서는 죄의 문제가 대두될 수밖에 없었습니다. 가장 큰 이유가 로마황제때문이었습니다. 스스로를 신(神)이자 주(主)라고 주장한 로마황제들은 각 종교의 신과 함께 황제도 동일하게 신으로 인정할 것을 강요했습니다. 기독교인들은 예수님만을 주라고 고백했기 때문에 핍박을 받았습니다. 이런 핍박 가운데서 배교한 이들도 생겨났습니다. 그리고 그로 인해 배교한 이들을 교회가 받아줄 수 있느냐, 또는 배교한 목사에게서 받은 세례가 유효하냐는 논란이 일어났습니다.

교회는 세례 받은 이후에 짓게 되는 이런 죄들을 해결해야만 했습니다. 그래서 고해라는 제도가 생겨났습니다. 고대교회의 고해는 사적이지 않고 공적이었습니다. 사적으로 잘못했다고 하나님께 고백하는 것으로 끝나는 것이 아니라,

교회 앞에 자신의 죄를 공적으로 고백하고 고해자로 등록해야 했습니다. 교회는 그 죄에 따른 벌을 정해주었습니다. 사도행전 15장(29절)에 근거하여 우상숭배와 살인과 음행의 죄를 큰 죄라고 규정했고, 이런 죄들의 경우에는 반드시 공적인 고해의 과정을 밟게 했습니다. 이런 공적인 고해제도는 아일랜드로 건너가 그 곳에 전통적으로 있던 수도원제도에 접목되었습니다. 수도원장에게 죄를 고하면 정확한 벌을 정해주는 '정가(定價)고백'이라는 것이 이제 대륙으로 들어와 자리를 잡았습니다. 이는 마치 상점에 가면 진열되어 있는 물품마다 가격이 매겨져 있듯이, 죄에 대한 정확한 형벌을 정해놓은 겁니다. 자기가 치러야 할 벌만 정확하게 치루면 형벌을 면제받았습니다.

문제는 고해의 과정을 다 거쳐 죄책을 해결받았다 하더라도, 이후 사회생활에서 엄청난 제약을 받으며 살아가야 했다는 겁니다. 한번 고해자가 된 사람은 공직생활에도 제한이 있고, 심지어 부부생활에도 제약을 받았습니다. 세례와 마찬가지로 고해를 기피하는 일이 발생했습니다. 이를 해결하기 위해 고해를 공적인 것에서 사적인 것으로, 즉 사제에게 사적으로 죄를 고백하는 것으로 바꾸었습니다. 이것이 지금도 로마교회에 남아 있는 '고해성사'입니다.

엄격하게 고해를 요구하는 것과 같은 율법주의적인 접근 때문에 북아프리카와 대륙의 기독교는 야만족들이 쳐들어왔을 때, 기독교 신앙을 쉽게 버리는 일이 발생했습니다. 그에 반해 야만족들에게는 기독교가 전해졌지만 말입니다. 어떻게 보면 고해제도가 중세 1000년을 지배했다고 해도 과언이 아닙니다. 로마교회와 사제들은 고해성사로 신자들의 목을 옥죄었습니다. 교회가 죄를 해결하는 열쇠를 틀어쥐고 있었던 겁니다. 사제로 이루어진 교회는 구원을 나누어 주는 기관이 되었습니다. 이를 통해서도 죄 문제를 해결하는 방식이 얼마나 중요한지 잘 알 수 있습니다. 죄를 너무 쉽게 해결하고 있지는 않나요? 아니면 반대로 죄를 해결하는 것이 너무나 힘들어서 절망하지는 않나요? 신자들의 죄를 예배에서 해결하도록, 즉 사제에게 사적으로 하던 고해를 예배에서 공적으로 고백하도록 한 것이 종교개혁자들의 중요한 기여입니다.

◈ 토론을 위한 질문 ◈

1) 고대교회는 예배공간을 어떻게 확보했으며, 주일을 어떻게 지켰나요?

2) 고대교회가 예배를 2부로 나눈 이유는 무엇일까요? 이게 정당한가요? 오늘날도 이렇게 하는 것이 좋을까요?

3) 고대교회의 세례준비가 지나치게 까다로운 것은 아닌가요? 또 사적인 고해제도가 공적으로 바뀐다면, 어떤 일이 일어날까요?

제3장

중세교회: 미사 중심의 예배

　고대교회의 예배(말씀과 성찬의 이중주)는 중세로 접어들면서 미사 중심의 예배로 굳어졌습니다. 로마제국의 국교가 된 기독교는 교회력을 만들어 그리스도의 구속사역을 연중으로 축하하기 시작했지만, 점차 미신과 지나친 의식주의에 사로잡혔습니다. 수많은 이교도들을 받아들이면서 예배를 시각화하여 화려한 볼거리들로 가득 채웠습니다. 성화, 성상 등이 대표적입니다. 교회의 예식은 이교도들의 이교적인 종교의식에 세례를 주기도 했습니다. 반대로 이교적인 사상이 예배 안으로 자연스럽게 들어오기도 했습니다. 중세교회의 예배에 큰 영향을 준 것은 민간신앙인데, 대표적인 것으로 성인숭배, 성지순례, 성유물 숭배 등이 있습니다. 또한 각 지역마다 다양한 예배형식이 정착했지만, 공통적으로 동, 서방교회는 모두 미사와 예식 중심의 예배를 했습니다. 예배는 화려하고 볼거리들로 가득했지만, 신자들의 구원에 대한 갈망을 채워주지는 못했습니다. 사제가 하나님의 말씀을 몰랐으니 자연스러운 귀결이었습니다.

1) 천상을 재현하는 건물

중세교회의 예배당은 미사와 화려한 예식을 위해 새로운 모습을 갖추었습니다. 그런데 역설적이게도 그 시작은 로마로 대표되는 서방교회가 아니라 콘스탄티노플로 대표되는 동방교회에서였습니다. 광대한 제국을 효율적으로 다스리기 위해 330년 콘스탄티누스가 비잔티움(지금의 이스탄불)으로 수도를 옮기어 동방정책을 시작하면서 비잔틴 건축이 생겨났습니다. 이 건축양식은 유스티니아누스 황제가 건축한 '하기아 소피아'('거룩한 지혜'라는 뜻) 성당이 모델 역할을 했습니다. 비잔틴 양식은 공간을 빈틈없이 짜 맞출 뿐만 아니라 예배당 중앙에 거대한 돔을 얹어 하늘을 재현하는 신비로운 공간을 창출했습니다. 공중에 떠 있는 듯한 느낌을 주는 돔에는 그리스도께서 천상에서 다스리시는 장면을 그려 넣었습니다. 이런 공간에서 이루어지는 예배가 얼마나 신비로웠든지, 키에프 공국의 대공이 보낸 특사들은 자신들이 천상에 있는지, 지상에 있는지 분간하지 못할 정도였다고 보고합니다. 이 보고를 들은 대공은 유대교나 로마교회가 아닌 동방정교회를 자기 나라의 종교로 선택했습니다.

이교도들을 기독교화한 서방교회는 10세기에 학문의 발달에 힘입어 기독교의 힘을 과시하기 시작했는데, 그것이 로마네스크 양식의 개발이었습니다. 로마네스크 예배당은 육중한 성채와도 같았습니다. 견고하고 둥근 기둥이 반원 아치를 지지하는 이런 양식은 고대 로마의 석조건축을 닮았다고 해서 '로마네스크'란 이름이 붙여졌습니다. 이 양식은 고대교회의 평평한 천장을 석조의 둥근 천장으로 바꾸고, 그 천장의 무거움을 줄이기 위해 교차궁륭(Cross Vault)을 사용했습니다. 이렇게 내부 공간을 넓고 높게 만듦으로써 창문을 통해 흘러 들어오는 은은한 빛이 내적인 고요함과 평안함을 안겨 주게 했습니다.

서방교회 건축의 꽃은 12세기에 시작된 고딕양식입니다. 하늘까지 닿을 듯 비상하는 첨탑들은 하늘에 이르려는 중세교회의 신앙심을 대표적으로 보여줍니다. 고딕양식은 버팀벽(buttress)을 달아내어 지붕의 무게를 분산시키므로 두꺼운 벽체를 얇게 하고 높이면서 동시에 창문을 키웠습니다.

한껏 넓어진 공간은 거대한 스테인드글라스 창문을 통과한 빛이 연출해내는 황홀한 공간으로 바뀌었습니다. 천상의 빛에 감싸일 뿐만 아니라 천상으로 비상하도록 만든 겁니다. 한편 고딕식 예배당의 입구 외벽에는 주로 최후의 심판 장면이 그려져 있어서 신자들의 마음을 불안하게 만들었습니다. 교회가 제공하는 온갖 종류의 의식에 참여하지 않고서는 구원을 얻기가 힘들다는 인상을 주었기 때문입니다.

[그림 5] 고딕성당에 관한 그림책
상상속의 건물이기는 하지만, 1252년부터 100년간 프랑스 쉬트로 대성당을 짓는 과정을 세밀하게 묘사했습니다.

2) 미사의 지배

중세교회는 미사 중심의 예배로 발전했습니다. 미사가 곧 예배였습니다. 미사는 그리스도의 희생제사를 재현하는 것, 곧 그리스도를 다시금 십자가에 희생제물로 바치는 제사였습니다. 미사가 중심이 된 것은 동방교회도 마찬가지였습니다. 비잔틴 양식에서 볼 수 있듯이, 동방교회의 예배당 공간은 천상과 지상을 연결하는 곳이었고, 그 공간에서 이루어지는 미사는 그리스도의 삶과 죽으심, 부활, 승천을 재현하는 것이었습니다.

중세교회의 성찬에 대한 이해는 일반적으로 '화체설'(化體說, transubstantiation)로 불립니다. 이는 사제가 성찬의 요소인 떡과 잔을 들어 올리면, 그것들이 실제로 그리스도의 살과 피로 바뀐다는 겁니다. 예수님께서 최후의 만찬에서 "이것은 내 살이라, 이것은 내 피라."고 말씀하셨기 때문에, 비록 겉으로 보기에는 예전의 떡과 잔 그대로지만, 그 실체는 그리스도의 살과 피가 되었음을 믿어야만 성찬이 효력이 있다는 겁니다. 그러나 이것은 물짐을 우상처럼 섬기는 것일 뿐입니다.

미사는 지역별로 다양했지만, 대개 다음의 순서로 진행되었습니다. 먼저 사제가 입당할 때 성가대가 시편으로 입당송을 부릅니다. 이후 사제는 "기도합시다."라면서 지정기도문으로 기도하고 성경을 봉독합니다. 이 때 성경봉독은 교회력에 따른 연속적인 성경읽기입니다. 구약과 신약, 두 부분을 연달아 봉독하는데, 신약의 복음서 봉독이 절정입니다. 동방교회에서는 이 복음서 봉독을 '소입당'이라고 부릅니다. 성경봉독 사이에 시편으로 '층계송'(성가대가 계단에서 불렀다 하여 이름 붙임)을 부릅니다. 성경봉독 이후에 설교가 있는데, 이 설교는 권장사항입니다. 이어서 신앙고백을 하는데, 서방교회는 사도신경을, 동방교회는 니케아신경을 고백합니다. 그런 다음 미사를 위한 '봉헌'(*offertorium*)을 합니다.

성가대가 봉헌송을 부르는 동안 부제가 빵과 포도주를 보자기로 덮은 채 제단으로 운반해 옵니다. 이것을 동방교회에서는 '대입당'이라고 부릅니다. 사제는 포도주에 물을 섞어 그리스도와 신자의 연합을 가시화합니다. 그리고 성찬상을 앞에 두고 인사하면서 "여러분의 마음을 높이 드십시오."(*sursum corda*)라고 말합니다. 그 다음 '예비기원'(Preface, 창조와 구약시대 구원의 전 역사에 대한 감사와 찬양)이 이어지고, 회중은 '삼성송'(*tersanctus*, 이사야 6장 11~13절 참조)으로 화답합니다. 사제가 영원한 하나님의 아들에게 '감사기도'를 드린 후, '제정사'(verba testamenti, 고린도전서 11장 23절 이하의 문구를 정교하게 다듬어 사용), '기념사'(anamnesis, 그리스도의 고난부터 떡과 잔을 드리기까지 그리스도를 통하여 행하신 하나님의 전 사역을 언급), '축성기도'(epiclesis, 성물에 성령께서 임하시기를 구하는 기도)를 연이어 한 후, 산 자와 죽은 자를 위한 '대중보'(Great Intercession)를 드리면 회중은 송영과 아멘으로 화답합니다.

성찬식사는 '주기도문'으로 시작됩니다. 주기도문 후에 영광송을 부르고 나면, 사제가 떡을 쪼개고(성체분할), 쪼갠 떡을 들어 올리면서(성체거양) "거룩하다."고 외치면, 회중이 "주 예수 그리스도, 거룩하시며 하나이시도다."라고 화답합니다. 떡을 쪼개는 것은 어린양이신 그리스도의 도살을 가리킵니다. 사제는 쪼갠 떡 조각 하나를 잔에 떨어뜨려 몸과 피의 일치, 감독과 사제의 일치, 전교회의 일치를 가시화합니다. 빵을 쪼개는 동안 신자들은 평화의 인사와 기도를 합니다. 그런 다음 신자들은 사제에게로 나아가 '고백의 기도'를 하고, 떡과 잔을 받아먹고 마십니다. 중세 후기에 이르면, 잔을 회중에게 나누지 않고 사제만 마십니다. 그리스도의 피를 흘릴 위험이 있다고 생각했기 때문입니다. 분병과

분잔(처음에는 감독이 분병을, 부제가 분잔을 담당했음)이 끝나면, 사제는 잔을 마신 후 물을 부어서 마시고 잔을 깨끗하게 닦습니다. 성찬 후에 '만찬송'(성찬예식 때 불렀던 시편 응답송)을 부르고, '감사기도'와 '중보기도'(성찬을 받은 이들과 신자들이 기억하는 모든 이들을 보호하시고 지켜달라는 기도)를 드리면, 사제가 해산을 선포합니다. 그러면 회중은 "하나님께 감사!"하면서 떠납니다.

중세 후기에 이르면, 미사는 더욱 신비화되고, 그 횟수도 증가합니다. 미사를 자주 드릴수록 하나님이 기뻐하시고 경건이 고양된다고 믿었기 때문입니다. 한편 예배당 건물에 의해 예배의 모습이 바뀌기도 했습니다. 즉 육중하고 무거운 로마네스크 양식이 넓고 밝은 고딕양식으로 바뀌면서 예배의 모습이 달라진 겁니다. 고딕양식으로 인해 예배당의 내부공간이 크게 확장되면서, 회중석(nave) 바깥으로 늘어난 측면의 복도(측랑, aisle)에 채플이라는 것이 만들어졌습니다. 사방의 측랑 구석구석을 작은 제단으로 만든 겁니다. 이 채플에서 귀족이나 돈 많은 사람들은 개인 사제를 고용하여 자기와 조상들을 위해 미사를 드리게 했습니다. 즉 공적인 예배를 사적인 것으로 변질시킨 겁니다. 중세교회의 미사는 지역별로 다양했지만, 사실 이보다 더 큰 문제는 주

[그림 6] 교황이 봉헌물을 들어 올리는 장면
이 순간이 '성체거양'이라는 중요한 순간인데, 이 때 전병이 그리스도의 몸으로 바뀝니다(?).

교의 예배당과 시민들을 위한 예배당을 따로 지었다는 것, 게다가 수도원 예배당이 따로 있어서 예배가 계층에 따라 파편화되었다는 겁니다.

3) 교회력과 예식의 발전

고대교회로부터 교회력이 만들어져 예배를 풍성하게 했는데, 먼저 3세기에 만들어진 것이 '부활절 주기'입니다. 고대교회는 매 주일을 부활주일로 생각했지만, 연중 부활절(Easter)을 따로 만들었습니다. 부활절의 기원은 유대교의 유월절입니다. 그래서 고대에는 부활절을 파스카 절기라고 부르곤 했습니다. 부활절 날짜를 계산하는 방식에는 두 가지가 있었습니다. 소아시아 교회들은 유대인의 유월절인 니산월 14일을 부활절로 지켰고, 다른 교회들은 부활절이 주일이어야 한다면서 니산월 14일 이후의 주일을 잡았습니다. 325년의 니케아 공의회는 춘분 이후 만월 직후의 주일을 부활절로 확정했습니다. 이 결정에 의해 부활절이 매 해마다 바뀌게 되었습니다. 부활절 주기는 준비절기인 사순절(Lent, 40일 동안 그리스도의 고난을 묵상하는 기간)과 축하절기인 부활절, 그리고 성령강림절(Pentecost, 오순절이라는 뜻으로, 부활 후 40일째 그리스도께서 승천하시고, 10일 뒤인 50일째 성령께서 강림하심을 가리킨다. 여기서 오순절파가 나왔다)로 확장됩니다.

4세기에는 '성탄절 주기'가 만들어졌습니다. 준비절기가 '대림절'(Advent)입니다. 지금은 성탄절 이전의 4주일을 대림절이라고 부르지만, 중세에는 사순절처럼 40일까지 길어지기도 했습니다. 축하절기인 '성탄절'(Christmas)이 12월 25일이 된 것은, 로마제국의 이교도들이 태양빛이 제일 짧아진 12월 25일에 '무적의 태양'을 기리는 절기를 지켰는데, 교회가 이 날에 세례를 주어서 '의의 태양'이신 그리스도께서 탄생한 것을 축하하도록 했기 때문입니다. 이는 토착화의 좋은 예가 됩니다. 또 다른 축하절기인 '주현절'

(Epiphany)은 동방교회의 절기로, 이집트에서 1월 6일에 태양신을 숭배한 절기에 세례를 주어서 그리스도의 출생뿐만 아니라 세례 받으심과 가나에서 첫 번째로 기적 행하심을 축하한 겁니다.

중세신학은 그리스도의 공로를 우리의 공로로 삼는 것을 넘어서 신자들이 이룰 수 있는 의에 관심을 가졌습니다. 즉 우리에게 의를 이룰만한 습성이 있음을 보시고, 하나님께서 우리에게 역사하시므로 우리의 의가 완성된다고 본 겁니다. 쉽게 말하자면 "하늘은 스스로 돕는 자를 돕는다."는 것이었습니다. 중세교회는 신자의 삶 전체를 거룩하게 하기 위해 성례를 만들어갔는데, 그리스도께서 친히 제정하신 세례와 성찬 외에도 다섯 가지를 덧붙여 7가지로 만들었습니다. 이를 7성례, 곧 세례성사, 견진성사, 성체성사, 고해성사, 혼인성사, 병자성사, 신품성사라 했습니다. 태어나서 세례를 받고, 성령을 받는 예식으로 견진을 받고, 미사에 참여하여 그리스도의 살과 피를 먹고 마시면서 성체를 모시고, 지은 죄를 씻는 고해를 하고, 결혼식을 거룩하게 하고, 죽을 때 장례미사를 받는 겁니다. 여기에 일반신자가 성직자가 되는 신품성사가 첨가됩니다. 이렇듯 중세교회는 신자의 삶 전체를 거룩하게 만들기 위해 애썼습니다. 하지만 참된 거룩이 어디에서 오는지는 간과했습니다. 단순히 거룩을 성례들에 참여하면 자동적으로 주어지는 것으로 생각했습니다.

4) 성인(聖人)숭배

중세교회는 그리스도의 구속사역을 기념하고 축하하고 적용하기 위해 교회력과 성례를 점차 확장해갔습니다. 하지만 그리스도만으로 만족하지 못하고 거룩한 이들의 공덕에 의지하기 시작했습니다. 중세말의 면죄부는 한 순간에 우연히 등장한 것이 아닙니다. 그것은 성인(聖人)들의 남은 공덕이 하늘의 보고(寶庫)에 쌓여 있는데, 교회가 그것을 나누어 줄 수 있다고 생각한 데서 나온 겁니다. 하늘에 얼마만큼의 보고가 쌓여 있는지는 누구도 알 수 없습니다. 다만 그 보고로 인해 연옥에서 머물러야 할 기간이 단축될 수 있다고 믿었습니다. 하늘의 보고는 교황의 입맛대로 얼마든지 늘릴 수 있었습니다. 연옥에 있는 기간도 무한정 늘릴 수 있었습니다. 사제들은 이러한 천국의 보고와 연옥사상으로 교인들의 목줄을 쥐었습니다. 예배당 건축이나 교황제의 유지 또는 교회의 활동에 필요한 재원마련을 위해 이것을 사용했습니다.

성인(聖人)숭배사상이 생겨난 것도 흥미롭습니다. 고대

후기에 신자들은 성인을 저 하늘 멀리 있는 존재가 아니라 자신들의 삶 가까이에 있는 친근한 존재라고 생각했습니다. 이렇듯 성인이 신자들의 보호자 역할을 한 것은 로마제국의 구조와도 연결됩니다. 고대 로마사회에서는 '보호자' 제도가 정착되어 있었습니다. 즉 보호자가 금전적으로나 사회적으로 보호해주면, 피보호자는 보호자를 위해 충성을 다하는 시스템이었습니다. 대개는 귀족 등이 시민들의 보호자 노릇을 했습니다. 로마제국이 무너지면서 보호자가 사라지자 순교자들이 신자들의 보호자 역할을 하게 되었고, 점차 이것이 '성인숭배'사상으로 발전하게 되었습니다(성모 마리아 숭배사상도 함께 발전했습니다). 이제 예배는 성인들의 도움을 통해서 하나님께 이를 수 있는 것이 되었습니다.

또한 성인들이 모든 날들을 장악하기 시작했습니다. 성인의 날은 그들이 순교한 날로서, 성인은 이 날에 하늘에서 새롭게 태어나고, 하늘로부터 성인의 공덕을 나누어주게 됩니다. 중세교회는 기적이 일어나거나 순교한 이들을 성인으로 받듦으로써 그들로 하여금 모든 날들을 책임지게 했습니다. 이 같은 성인들로 인해 신자들은 외롭지 않았습니다. 성인들을 통해 저 멀리 하늘에 계신 그리스도께 나아갈 수도 있었습니다. 종교개혁자 마르틴 루터가 10월 31일에 비텐베르크 교회의 문에 면죄부를 반박하는 95개조 논제를 붙인 것은 우연이 아니었습니다. 그 다음 날인 11월 1일은 만성절(All saint's day)이었는데, 이는 모든 성인들의 공덕을 한꺼번에 받을 수 있는 날이었습니다(오늘날 서양에서는 이 날을 할로윈데이로 즐깁니다). 마르틴 루터는 모든 성인들의 공덕을 기리는 날 하루 전에 오직 그리스도의 공로만이 우리를 모든 죄에서 씻을 수 있음을 선포하려고 했던 겁니다. 그는 면죄부를 샀기 때문에 죄가 씻어졌다고 안심할 것이 아니라 오직 그리스도의 공로에 의지하여 지속적으로 회개하는 삶을 살아야 한다고 설파했습니다. 그리스도 안에서 죄인이 되는 것이 그리스도 밖에서 의인이 되는 것보다 낫다는 뜻입니다.

성지순례가 대두된 것도 이 시기였습니다. 기독교가 로마제국의 종교가 되면서 교회질서를 위해 신학적인 논쟁이나 중요한 결정을 하는 중심교회가 생겨났는데, 로마, 콘스탄티노플, 안디옥, 알렉산드리아, 예루살렘이었습니다. 이들을 소위 5대 관구(管區)라고 부릅니다. 그 중에서도 예루살렘은 다른 관구들과 차별성이 있었는데, 이는 그곳에서 예수님께서 십자가에 달려 돌아가시고 부활 승천하셨기 때문입니다. 예루살렘을 순례하는 일은 고대교회 때부터 있었습니다. 예루살렘이 이슬람에게 점령당하자 그것을 수복하겠다는 명분으로 십자군 운동이 일어나기도 했습니다. 이슬람이 성지순례를 구원 얻기 위한 조건으로 내세우는 것은 이미 중세교회에서 그 씨앗을 발견할 수 있습니다.

기독교 세계가 확장되면서 성 유물에 대한 수요가 많아졌고, 예수님과 관련된 장소인 예루살렘만이 아니라 다른 장소들도 거룩하게 되기 시작했습니다. 성인들이 순교한 장소가 순례지가 되었고, 성인들의 유물들이 각 교회당으로 퍼져가기 시작했습니다. 이제 신자들은 굳이 예루살렘에 가지 않고 다른 성지를 순례하거나 성 유물을 수집하여 놓은 예배당에 가는 것으로도 충분했습니다. 구원의 길이 훨씬 가깝게 된 겁니다. 성 유물을 숭배하면 연옥에 있어야 할 기간이 단축될 수 있다고 믿었기 때문에, 성 유물을 사서 모으는 것이 크게 남는 장사가 되었습니다. 이렇듯 중세교회는 거룩한 시간, 거룩한 장소, 거룩한 사람, 거룩한 물품들로 인해 유일한 중보자이신 예수 그리스도를 점차 변방으로 밀어내었습니다.

◈ 토론을 위한 질문 ◈

1) 교회가 예배장소를 천상을 재현하는 곳으로 표현하려고 한 것이 잘못이었을까요? 그렇다면 오늘날 예배당 구조를 어떻게 꾸미는 것이 좋을까요?

2) 로마교회의 미사와 개신교회의 예배는 얼마나 다를까요?(미사장면을 영상으로 한번 보고 얘기해 봅시다.)

3) 중세교회의 온갖 미신과 성인숭배사상이 오늘날 신앙의 영웅을 숭배하는 것이나 공로사상에 남아 있는 것은 아닐까요?

제4장

종교개혁: 말씀 중심의 예배

종교개혁은 로마교회의 예배를 근본적으로 바꾸었습니다. 미사 중심의 예배를 설교 중심의 예배로 바꾼 겁니다. 하나님의 말씀을 공적으로 선포하는 설교가 예배의 중심을 차지하자 예배당 구조도 바뀌었습니다. 울타리가 쳐져 있던 제단이 사라지고, 그 자리에 설교 강단이 들어섰습니다. 또한 설교 강단이 공중으로 높이 올라갔습니다. 설교가 하늘로부터 울려 퍼지는 복음의 선포임을 나타내기 위함이었습니다. 예배당 내부의 성화와 성상들은 모두 파괴되었습니다. 이렇듯 종교개혁은 중세교회의 보는 예배를 듣는 예배로 바꾸었습니다. 하지만 아쉽게도 종교개혁은 복음 선포로서 설교는 강화했지만, 성찬에 대해서는 다양한 견해들을 보이면서 분열되었습니다. 하나됨을 시위하는 성찬식이 교회분열을 야기했으니 참으로 안타까운 일이 아닐 수 없습니다. 한편 개혁한 교회는 회중의 적극적인 응답인 기도와 찬양 그리고 연보를 성경의 정신대로 새롭게 회복해 예배를 활성화시켰습니다.

1) 설교단이 중심인 건물

종교개혁의 교회는 로마교회의 핍박을 받으면서 어디서든 예배했습니다. 그런데 이것이 오히려 종교개혁의 신학과 잘 어울립니다. 종교개혁은 예배가 특정한 장소에서 이루어지는 신비한 의식이 아니라 하나님의 회중이 성령과 진리로 하나님과 교제하는 것이라고 믿었기 때문에 장소가 문제될 수 없었습니다. 예배는 헛간, 야외 들판, 숲 속 그 어디에서도 할 수 있었습니다. 종교개혁이 진전되면서 로마교회 예배당을 접수하자 건물 내부에 있는 성화와 성상을 파괴하기 시작했습니다. 이 같은 성상파괴운동은 과거 동방교회에서도 일어났습니다. 당시 제2계명에 근거하여 모든 성화와 성상을 파괴하다가도 곧 이어 그리스도의 성육신에 근거하여 그것을 허용해야 한다고 주장했습니다. 이후에도 이런 두 주장은 엎치락뒤치락 했습니다. 종교개혁은 초기에 과격하게 중세교회 예배당의 모든 성화와 성상은 물론 스테인드글라스까지도 파괴했습니다. 스테인드글라스에 온갖 형상들이 새겨져 있었기 때문입니다. 중세교회는 그것들이 신자를 교육하는 거룩한 자료라고, 심지어 성경을 대체하는 역할을 한다고까지 생각했습니다. 그도 그럴 것이 성경은 라틴어로 되어 있었고, 신자들은 문맹이었으며, 심지어 사제들조차 까막눈인 경우가 많았기 때문입니다. 이에 종교개혁은 라틴어 성경을 본국 언어로 번역했을 뿐만 아니라 본국 언어로 예배하기 시작했습니다.

종교개혁의 교회는 아주 단순하게 건물을 지었습니다. 중세교회는 제단이 예배당 가장 끝(앱스)에 자리했고, 그 앞 공간(챈슬)에 좌우로 성가대석이 자리했고, 회중석은 그것들로부터 유리되었던 반면, 종교개혁의 교회는 제단과 그 울타리, 성가대석을 모두 없애고, 예배당 전면에 설교단만을 우뚝 세웠습니다. 그리고 설교단 바로 아래에 회중석을 배치했습니다. 설교단은 공중부양 하듯이 높이 들렸고, 거기서 선포되는 천상의 말씀은 회중들에게 바로 전달되었습니다. 비록 예배당 내부가 설교단과 회중석으로 나뉘긴 했지만, 설교자와 회중은 혼연일체를 이루게 되었습니다.

[그림 7] 종교개혁자 루터가 세례 받은 아이스레벤의 성 베드로-바울 교회당
칼빈을 따르는 개혁교회는 설교단을 더 높이 세웠고, 세례조와 성찬상을 설교단 아래에 배치하여 말씀과 성례의 관계를 표현했습니다.

2) 직분과 말씀의 회복

① 직분

종교개혁은 예배의 개혁입니다. 이는 예배의 몇몇 순서를 바꾸기보다 예배를 섬기는 직분을 개혁하는 데서 출발했습니다. 로마교회의 사제단은 주교, 사제, 부제로 이루어져 있었습니다. 이를 개신교회의 직분으로 바꾸면 목사, 장로, 집사가 됩니다. 로마교회는 주교가 교회의 중심이요, 모든 예전의 핵심이었습니다. 주교가 곧 교회였습니다. 사실 교황은 한 명의 주교, 곧 로마교구의 주교였습니다. 로마교회의 주교가 모든 주교들 위에 으뜸이라고 주장하면서 교황이 된 겁니다. 사제와 부제는 이런 주교를 보좌하는데, 사제는 주교로부터 권한을 위임받아 미사를 집례하고, 부제는 미사가 잘 진행되도록 돕습니다. 종교개혁은 이같이 주교의 미사를 보좌하는 것에 불과했던 사제와 부제의 직분을 성경에서 부여한 고유한 위치와 역할로 회복시켰습니다.

개혁자들은 교회의 모든 직분이 예배를 섬기기 위해 세워졌다고 믿었습니다. 하나님께서 교회에 주신 영구적인 직분이 목사, 장로, 집사라고 보았습니다. 이 삼중직을 '항존직'이라고 불렀는데, 이는 평생직이라는 뜻이 아니라 교회에 항상 존재해야 할 직분이라는 뜻입니다. 이 세 직분이 예배를 섬기지 않으면 예배가 예배다울 수 없습니다. 목사는 '말씀의 사역자'로서, 예배 때 하나님의 말씀을 공적으로 설교합니다. 하나님의 백성들은 그 설교를 통해 하나님의 뜻을 전달받습니다. 개혁자들은 지금도 계속되는 예언이 있는데, 그것이 바로 설교라고 보았습니다. 목사는 설교자일 뿐만 아니라 예배 전체를 인도하는 예배인도자입니다. 목사는 찬양도 인도하고, 기도도 인도합니다.

장로가 어떻게 예배와 관련을 맺을까요? 장로는 강단을 보호하는 역할을 합니다. 목사의 설교를 감독하며, 그것이 이단사설에 물들지 않도록 감독합니다. 또한 그는 강단에서 선포된 말씀으로 교인들을 돌아봅니다. 심방을 통해 교인들에게서 말씀이 어떻게 열매 맺고 있는지를 확인하고, 그 결과를 당회에서 나누므로 목사가 회중을 위해 새롭게 설교를 준비할 수 있도록 돕습니다. 장로는 성찬상을 보호하는 역할도 맡았습니다. 성찬의 거룩한 상을 더럽히는 모든 세력으로부터 성찬상을 보호했습니다. 그래서 개혁교회에서는 성찬상이 누구에게나 열려있는 상이 아니라 울타리가 쳐진 상입니다.

그러면 집사의 역할은 무엇일까요? 고대교회 때부터 집사는 예배 전체의 분위기를 잡는 역할을 했습니다. 그는 작은 막대기를 가지고 예배 때 조는 사람을 깨웠고, 성찬상 앞에 서서 교인들이 가난한 자들을 위하여 연보하도록 했습니다. 신자들은 가난한 자들을 위해 연보한 후에 성찬상에 참여했습니다. 그리스도의 살과 피를 먹고 마시기 전에 자신의 것을 나누었습니다.

② 말씀

종교개혁은 하나님의 말씀인 성경에서 비롯되었습니다. 로마교회는 라틴어 성경밖에 없었기에 일반 교인들을 성경을 몰랐고, 심지어 라틴어 해독능력이 없는 사제들도 성경을 알 수 없었습니다. 정해진 미사문구만 반복하면 되었으니 성경을 굳이 알 필요가 없었을 겁니다. 신학자들도 성경 주석과 연구보다는 신학자들의 책에 주석을 다는 것을 더 선호했습니다. 한편 종교개혁은 르네상스를 이끈 인문주의자들의 도움도 많이 받았습니다. 르네상스는 고대 그리스 로마의 원전으로 돌아가자는 운동이었습니다. 인문주의자였던 에라스무스는 헬라어 성경을 펴내어 성경을 공부할 수 있는 기틀을 놓았습니다.

종교개혁자 마르틴 루터는 에라스무스가 편찬한 헬라어 성경을 기초로 하여 성경을 연구했고, 이후 독일어로 성경을 번역하기도 했습니다. 종교개혁자 마르틴 루터는 중세시대의 전형적인 인물답게 '의로우신 하나님 앞에 죄인인 내가 어떻게 설 수 있을까?'를 고민하면서 수도사로서 할 수 있는 모든 종류의 금욕적인 노력을 다했지만 아무런 소용이 없었습니다. 그러다가 그는 박사학위를 받은 뒤 비텐베르크 대학에서 성경을 가르치기 위해 시편, 로마서, 갈라디아서, 히브리서를 주해했는데, 그때 의인은 오직 믿음으로 산다는 확신에 이르게 됩니다. 루터는 하나님의 말씀이 약속이라는 것에 주목했습니다. 중세교회의 미사와 온갖 예식은 하나님의 약속을 보여주지 않는 인간의 헛된 노력에 불과했습니다. 그는 약속의 말씀이 창조의 능력이라고 믿었습니다. 이에 약속의 말씀을 공적으로 선포하는 설교를 점차 강화해 갔습니다. 독일어로 성경을 번역했을 뿐만 아니라 독일어로 설교도 했습니다. 미사 역시 과감하게 수정하여 〈독일미사〉라는 예배순서도 만들었습니다. 고대교회처럼 말씀의 예전과 성찬의 예전으로 나누었지만, 설교를 많이 강화했습니다.

종교개혁은 무엇보다 말씀을 내세웠습니다. 개혁자들은 성경을 하나님의 말씀이라고 믿었습니다. 이에 비해 재세례파는 성경말씀보다 성령께서 내적으로 들려주시는 음성을 더 중요시했습니다. 개혁자들은 이에 반대하면서 말씀의 사역자가 말씀을 공적으로 선포하는 설교를 무엇보다 중요시했습니다. 개혁자들은 예배시에 선포되는 설교를 하나님의 말씀, 즉 지금도 계속되는 예언의 말씀으로 보았습니다. 스위스 취리히의 목사들이 모여서 성경공부하던 모임의 이름이 '프로페차이'(*prophezei*)인데, 이는 '예언'이라는 뜻이었습니다. 목사들이 성경을 공부하고 그것을 공적으로 설교하면, 그것이 지금도 계속되는 예언이 된다는 것이었습니다. 이렇듯 종교개혁자들은 설교를 무엇보다 중요하게 생각했습니다.

3) 성찬이해로 갈라진 예배

종교개혁은 중세교회의 미사를 개혁했습니다. 종교개혁자들은 이구동성으로 로마교회의 화체설은 물질을 우상시하는 죄를 범하는 것이라고 반박하면서, 성찬식에 대해 새로운 이해를 표명했습니다. 이에 그들은 제물을 바치는 제단을 하나님의 백성들이 먹고 마시는 식탁으로 바꾸어 놓았습니다. 하지만 안타깝게도 종교개혁자들은 예배는 개혁했지만, 성찬에 대해서는 의견 차이를 보이면서 하나가 되지 못하고 분열하게 되었습니다.

먼저 개혁자 루터는 성찬에 대해 '공재설'(共在說, consubstantiation)을 주장했습니다. 그는 성찬의 요소인 떡과 잔이 그리스도의 살과 피로 변한다고 믿는 것은 미신이라고 보았습니다. 그렇지만 성찬이 성례가 되기 위해서는 그리스도의 살과 피가 그 곳에 있어야만 했습니다. 그는 떡과 잔의 위와 가운데와 아래에 그리스도의 살과 피가 함께 있다고 보았습니다. 그럼으로써 성찬의 떡과 잔을 받아서 먹고 마실 때, 그리스도의 살과 피를 함께 먹고 마시게 되는 것이라고 보았습니다. 이런 견해는 그리스도에 대한 루터의 이해에 근거하는데, 그는 그리스도의 신성이 계시는 곳에 인성도 함께 계신다고 생각했던 겁니다.

이와 달리 취리히의 개혁자 츠빙글리는 루터의 공재설을 반박하면서, 하늘에 계신 그리스도의 몸을 이 땅으로 끌어내려서는 안 된다고 주장했습니다. 그는 성찬식을 순수하게 기념의 관점에서 보았는데, 이를 '기념설'이라고 합니다. 즉 성찬식은 그리스도의 십자가 사건을 기념하는 것에 불과하다는 것이었습니다. 사도 바울도 성찬식을 '그리스도의 죽으심을 오실 때까지 전하는 것'이라고 했습니다. 이렇게 성찬식을 '기념식'으로 볼 경우, 우리에게 중요한 것은 오직 믿음입니다. 믿음만이 성찬식에 효력을 가져옵니다. 믿음으로 성찬식에 동참할 때, 성찬식은 비로소 의미있는 예식이 되는 겁니다.

제네바의 개혁자 칼빈은 루터와 츠빙글리 사이에서 중용의 입장을 취했습니다. 즉 그는 성찬식에 그리스도께서 실제로 임재하시지만, 이는 육체가 아니라 성령으로 임재하시는 것이라고 보았습니다. 이를 '영적 임재설'이라고 합니다. 성찬식은 하늘에 계신 그리스도의 몸을 끌어내리는 것이 아니라 성령의 능력으로 우리의 마음을 들어 올려 하늘에 계신 분께로 이끄는 겁니다. 이에 대해 칼빈은 다음과 같이 말했습니다(『기독교 강요』 4권 17장 10절).

그러므로 경건한 자들은 반드시 다음과 같은 원칙을 지켜야 할 것이다. 곧 주께서 지정하신 상징들을 볼 때마다 그 상징되는 바 실체가 확실히 거기에 있다는 것을 생각하고 또한 그렇게 믿는 것이다. 여러분이 그 몸에 진정으로 참여한다는 것을 확신하게 하시려는 의도가 아니라면, 주께서 무엇 때문에 자기 몸을 상징하는 것을 여러분의 손에 들려주신단 말인가? 주께서 눈에 보이지 않는 실체를 주신다는 것을 확증하시기 위하여 눈에 보이는 표징을 주시는 것이 사실이라면, 우리는 그 몸을 상징하는 떡을 받을 때에 그 몸 자체도 우리에게 함께 주어지는 것임을 확실히 신뢰해야 할 것이다.

칼빈은 성찬의 요소인 떡과 잔에 그리스도의 살과 피가 실제적으로 임재한다고 보았지만, 그것은 로마교회처럼 그 요소들이 그리스도의 몸으로 변화된다거나, 루터교회처럼 그 요소들 사이에 그리스도의 몸이 함께 계신다는 것이 아니라, 성령을 통하여 그 곳에 실제적으로 임재한다고 본 겁니다.

성례에 있어서도 종교개혁자들은 로마교회의 7성례를 배제하고, 오직 세례와 성찬만을 성례로 받아들였습니다. 성례는 그리스도께서 친히 제정하신 '복음약속의 눈에 보이는 거룩한 표와 인'(하이델베르크 요리문답 66문)입니다. 그래서 개혁자들은 성찬을 '보이는 말씀'이라고 불렀습니다. 이렇듯 말씀과 성례의 균형을 취하는 것이 고대교회를 회복하는 것이며, 또한 예배를 회복하는 길입니다. 안타깝게도 이후의 개혁한 교회들은 칼빈의 영향보다는 츠빙글리의 영향을 더 크게 받아, 성찬식을 하나의 기념식 정도로만 치부합니다. 이제 성찬식은 있어도 그만, 없어도 그만인 의식이 되었습니다. 이는 로마교회의 미사에 대한 반작용이기도 합니다.

오늘날 대부분의 개신교회에서는 성찬식을 1년에 3~4차

[그림 8] 마르부르크 성찬론 회의(Marburg Colloquy)를 그린 목판화
1525년에 헤세의 필립공이 루터와 츠빙글리의 성찬론 이견을 화해하기 위해 회의를 주선했지만, 서로를 정죄하면서 갈라섰습니다.

례만 행합니다. 성찬식을 기념식 정도로만 생각하기에 나의 죄악과 그리스도의 죽으심을 생각하면서 슬퍼하는 것으로 그치는 경우가 많습니다. 때문에 우리는 성찬의 풍성한 유익을 제대로 누리지 못합니다. 우리에게 영적인 양식과 음료로 성찬이 주어졌고, 또 연약한 우리를 강건케 하기 위해 성례가 허락되었는데, 이 은혜를 모르고 그래서 누리지도 못하고 있으니 얼마나 안타까운지요. 예배에 참석한 회중은 좋은 설교만 있으면 되지, 성찬식은 시간을 잡아먹고 그다지 유익이 없다고 생각하는 경우가 많습니다. 그러나 사실 우리가 떡과 잔을 먹고 마실 때, 그리스도를 먹고 마시는 것이며, 이로써 이 땅에 있는 그리스도의 몸인 교회가 하늘에 계신 교회의 머리인 그리스도와 연합하여 모든 하나님의 백성이 하나가 되는 겁니다. 성찬의 상에서 먹고 마신 신자는 영원히 하나로 살 겁니다. 이것이 성찬의 실재요, 유익입니다. 신자는 세례를 통해 태어나고, 성찬을 통해 양육받고 강건해집니다. 신자는 성찬상에서 먹고 마시면서 하늘나라로 가는 사람입니다. 이렇듯 신자의 정체성은 성찬상을 통해 확보되고 확인됩니다.

4) 기도와 찬송 그리고 연보의 회복

어떤 신자에게 "당신은 구원받았습니까?"라고 물었더니, 그가 "교회 신부님께 물어보세요. 신부님이 가르쳐줄 거예요."라고 했다는 것이 중세교회의 형편이었습니다. 구원뿐만 아니라 예배에서 이루어지는 모든 것은 전적으로 사제의 활동이었습니다. 로마교회는 회중을 철저하게 수동적으로 만들었습니다. 회중은 사제가 인도하는 미사를 지켜보기만 했습니다. 기도도, 찬송도, 심지어 제물을 봉헌하는 것도 사제가 했습니다. 사제가 수행하는 기도, 찬송, 봉헌이 신자에게 구원을 안겨주는 효력이 있다고 믿었습니다. 이에 반해 종교개혁은 예배에서 하나님께 올려드리는 이 중요한 요소들을 회중에게로 돌렸습니다.

① 기도

중세교회의 미사에서 신자들은 기도를 담당하지 않았지만, 개인적으로는 열심히 기도할 것을 요구받았습니다. 지금도 남아 있는 것이 '매일기도'라는 것인데, 성경에 언급된 유대인들의 하루 세 번 기도가, 중세 수도원에서는 하루 일곱 번으로 늘어났다가 급기야는 매 시간 기도하는 것으로 확장되었습니다. "쉬지 말고 기도하라."(데살로니가전서 5

장 17절)는 말씀을 그대로 순종하기 위해 애를 썼던 거지만, 문제는 이런 신자의 기도를 '선행'이라고 가르친 겁니다. 즉 기도는 하나님의 은혜와 그리스도의 은덕을 획득할 수 있는 수단이 되었습니다. 더군다나 중세교회는 성인들의 중보를 강조했기에, 신자들은 성인들과 성모 마리아의 이름을 빌어서 기도했습니다. 그것이 하나님께 쉽게 나아갈 수 있는 길이라고 생각했습니다.

종교개혁은 기도를 회복하기 위해 '오직 은혜', '오직 그리스도'를 기도에도 적용했습니다. 개혁자들은 신자의 삶이 기도하는 삶임을 강조하는 한편, 그 기도는 공로가 아니라 오직 그리스도의 이름에 힘입는 것이어야 한다고 했습니다. 이를 위해 개혁자들은 요리문답서에 주기도문을 기도의 모범으로 다루면서 상세히 해설했습니다. 종교개혁자 칼빈의 영향을 받은 하이델베르크 요리문답(116문)에서는 다음과 같이 기도를 감사라고까지 말합니다.

> 기도는 하나님께서 우리에게 요구하시는 감사의 가장 중요한 부분이며, 또한 하나님께서는 그의 은혜와 성령을 오직 탄식하는 마음으로 쉬지 않고 구하고 그것에 대해 감사하는 사람에게만 주시기 때문입니다.

종교개혁자들은 신자 개인의 기도만이 아니라 공예배에서의 기도에도 신중하게 접근했습니다. 먼저 공예배에서는 직분자, 특히 목사가 회중을 대표해 회중의 필요를 위해 기도하도록 했습니다. 이는 목사가 혼자 웅얼거리는 것이 아니라 분명한 내용과 표현으로 회중과 함께 기도하는 겁니다. 개혁자들은 기도문을 적극적으로 활용했고, 기도문을 만들기도 했습니다. 이후에 경건주의가 일어나면서 즉흥적으로 길게 기도하는 것이 성령으로 충만한 것이요, 직분자가 될 자격요건으로 생각했지만, 이것이 옳다고 보기는 어렵습니다. 공예배에서의 기도는 우리의 고백에 적합하게 잘 준비된 기도여야 하기 때문입니다. 그래야 온 회중이 아멘으로 화답할 수 있으니까요. 종교개혁자들은 사적인 기도와 공적인 기도를 조화시켰고, 주기도문을 통해 기도하는 방식과 형식도 배우도록 했습니다. 이에 반해 한국교회는 고대로부터 내려오던 샤머니즘의 영향으로 기도를 공로로 삼으려는 경향이 강합니다. 이런 점에서 기도에 대해 오직 그리스도 중심적 측면을 회복해야 할 겁니다.

② 찬송

로마교회의 찬송은 전적으로 사제들로 구성된 성가대의

일이었습니다. 성가대석을 제단 가장 가까이에 배치했고, 회중석은 그 뒤쪽에 배치했습니다. 회중석과 제단 사이에 성가대석이 버티고 있었던 겁니다. 지금도 들어보면 청아한 목소리로 울리는 찬송은 하늘에 있는 천사들의 찬송을 재현하는 것 같은 느낌을 줍니다. 하지만 그것은 회중과는 아무 상관이 없는, 회중이 알아들을 수도 없는 찬송이었습니다(소위 말하는 '그레고리안 찬트' 같이). 귀에는 듣기 좋지만 무슨 내용인지 알 수 없는 찬송이 어떻게 감사로 하나님께 올리는 찬송이 될 수 있을까요? 오늘날 로마교회는 미사 때 신자들로 하여금 찬송을 종종 하게 합니다. 회중의 반응이 좋지만, 여전히 성가대가 중요한 역할을 합니다.

종교개혁은 '찬송'을 회복했습니다. 비록 종교개혁자들의 태도가 일치되지는 않았지만, 중요한 것은 그들이 찬송을 회중의 입에 돌렸다는 겁니다. 종교개혁자 마르틴 루터는 찬송가를 지어서 회중이 부르게 했습니다. 우리가 잘 아는 "내 주는 강한 성이요 방패와 병기되시니"(새찬송가 585장)도 그 중에 하나입니다. 종교개혁자 칼빈은 시편에 곡을 붙여서 시편찬송을 예배찬송으로 삼았습니다. 예배를 통해 시편 전체를 찬송할 수 있게 한 겁니다. 고대로부터 시편은 예배찬송에서 중요한 역할을 했는데, 로마교회도 시편을 예배

찬송으로 끊임없이 사용했습니다. 수도원에서는 일주일에 시편 전체를 노래하는 습관을 발전시키기도 했습니다. 시편으로 기도하고 찬송할 때, 교회가 힘이 있었음을 생각해야 합니다.

오늘날 개신교회가 소위 말하는 복음송 또는 CCM을 적극적으로 사용하기 시작한 것을 어떻게 보아야 할까요? 개인적으로는 얼마든지 복음송이나 CCM을 부를 수 있다고 생각합니다. 하지만 그 가사와 곡조를 잘 살펴야 합니다. 무릇 찬송은 삼위 하나님을 향한 고백이기 때문입니다. 고대 동방교회의 신자들이 밭에서 일하면서 시편을 흥얼거렸다는 것을 생각해보면, 예배 때 우리가 부르는 찬송가의 곡들만이 아니라 시편송을 적극적으로 도입하는 것이 바람직합니다. 시편은 교회의 노래이기 때문입니다. 교회마다 성가대를 조직하는 것을 무엇보다 중요하게 생각하는 것에 대해 생각해봐야 합니다. 성가대가 필요하다면, 그 역할은 회중의 찬송을 돕는 것이어야 합니다. 또한 성가대는 찬양대라고 부르는 것이 좋습니다. 찬양대의 찬송은 공연이 되어서는 안 됩니다. 그보다 찬양대는 회중의 찬송을 인도하고, 그들과 함께 찬송해야 합니다. 찬양대는 어떤 경우에도 회중과 유리되면 안 됩니다.

③ 연보

고대교회로부터 신자들이 봉헌할 예물, 즉 빵과 포도주를 가지고 나와서 바치는 의식이 있었습니다. 고대에는 신자들이 예배 전에 성찬상 옆 공간에 빵과 포도주를 가져다 놓았는데, 이것이 나중에는 봉헌행렬로 발전했습니다. 사제가 성대한 행렬을 하면서 회중을 가로질러 그 봉헌물을 가지고 제단 위에 올려놓았습니다. 이것을 '대입당'이라고 불렀는데, 이는 복음서를 읽기 위해 행렬을 이루어 독서대로 가는 '소입당'과 대비됩니다. 한편 로마교회는 봉헌행렬 대신에 사제가 예물을 준비하는 동안 막대기로 고정시킨 작은 천 주머니를 돌리면서 연보를 거두기도 했습니다.

종교개혁은 '연보'도 개혁했습니다. 개혁자들은 신자들이 제단에 제물을 봉헌하는 것을 없애고, 대신 예배 때 가난한 자들을 위해 연보하도록 했습니다. 가난한 자들을 위한 연보가 성찬식과 연결되어 있다고 믿었기 때문입니다. 성찬상 바로 옆에 헌금바구니를 두어 거기에 연보한 다음에 성찬상에 참여토록 했습니다. 이는 중세교회에서 내려오던 관습이기도 했습니다. 미사에 직접 필요하지 않은 것은 제단 옆 비스듬한 탁자 위에 놓도록 하여 가난한 자들에게 자선목적으로 사용했습니다. 또한 개혁자들은 성찬상을 식탁으로 바꾸어 그리스도께서 베푸신 식탁에 성도들이 함께 앉아 먹고 마시면서 형제애를 나누게 했습니다. 이 같은 형제애에 대한 구체적인 실천이 연보였습니다.

고대로부터 구제로 유명했던 교회는 종교개혁 때도 다르지 않았습니다. 개혁자들은 예배 때 따로 연보하는 순서를 갖지 않았는데, 이는 앞에서 살펴보았듯이 성찬을 연보와 연결시키거나 예배를 마치고 나갈 때 가난한 사람들의 구제를 위해 연보하도록 통을 놓아두었기 때문입니다. 구제는 예배요소를 넘어서 집사가 적극적으로 수행해야 할 일이 되었습니다. 제네바에서는 가난한 자들을 위해 구빈원과 병원을 지어서 집사가 봉사하도록 했습니다. 집사들은 연보를 거두는 집사, 봉사를 직접 하는 집사로 나누기도 했습니다. 제네바 교회 집사회는 프랑스 난민들을 위한 기금을 마련하기도 했습니다. 개혁자들에게 주일은 예배만이 아니라 구제를 위한 날이기도 했습니다. 오늘날 유럽의 개혁교회는 매주일 구체적인 목적으로 구제헌금을 합니다. 이렇듯 구제를 통해 이웃을 돌아보는 것은 종교개혁 예배의 구체적인 표현 중에 하나입니다.

◈ 토론을 위한 질문 ◈

1) 종교개혁이 설교단을 높이 세운 것과 그에 따라 설교를 무엇보다 중요하게 생각한 것의 이유는 무엇일까요?

2) 성찬식에 그리스도께서 실제로 임재하신다는 관점을 받아들인다면, 성찬식을 얼마나 자주, 그리고 어떻게 준비하는 것이 좋을까요?

3) 종교개혁이 기도, 찬송 그리고 연보를 회복한 것을 우리가 제대로 유지하고 발전시킬 방법은 무엇일까요?

Reformed

제5장
장로교 예배지침

종교개혁으로 예배가 개혁되자, 예배의 원리, 요소, 순서에 대한 논의들도 다양하게 전개됩니다. 이는 예배를 통해 교회의 일치를 확인할 수 있다고 생각했기 때문입니다. 그렇다면 예배의 요소와 순서를 어느 정도로 확정해야 하는 것일까요? 과연 예배에서도 '오직 성경'의 원리를 적용할 수 있을까요? '오직 성경'을 예배에 적용한 것이 '규정적 원리'요, 웨스트민스터 총회에서 확립된 겁니다. 웨스트민스터 총회는 '공예배지침'을 작성하여 예배에 대한 규범을 확립하기도 했습니다. 이 예배지침에 대한 해설집이 나오고, '예전예식서'가 만들어진다면, 예배에 대한 논의가 어느 정도 완료되었다고 볼 수 있습니다.

1) 예배의 규정적 원리

예배에는 예배요소, 예배순서, 예배환경 등이 있습니다. 예배요소는 말씀, 기도, 찬송 등입니다. 예배순서는 말 그대로 예배요소를 가지고 순서를 만드는 겁니다. 예배환경은 예배시간이나 예배장소 등을 말합니다. 교회역사를 보면, 예배요소와 순서를 고정하는 것을 반대하는 흐름이 늘 있어 왔습니다. 예배요소와 순서를 확정하는 것은 성령의 역사를 무시하는 처사라고 보는 겁니다. 정말 그럴까요? 아무리 성령의 역사를 강조하는 퀘이커파(성령의 역사를 강하게 체험하면서 몸을 떨어대곤 했기 때문에 이렇게 불렸다)나 지방교회(중국의 워치만 니와 위트리스 리가 시작한 교회로서, 회중교회처럼 교회직분을 무시하고, 누구든지 예배를 인도하고 설교할 수 있다고 주장한다) 같은 곳에서도 매 주일마다 예배요소와 순서를 바꾸지는 못합니다. 그들도 최소한의 예배요소와 순서는 확정해 놓습니다. 예배가 무질서해서는 안 되고, 질서가 잡혀 있어야 합니다. 하나님께서는 어지러움의 하나님이 아니라 질서의 하나님이시기 때문입니다. 대륙의 개혁교회가 예배와 교회정치를 만들면서 근간으로 삼았던 성경구절이 바로 "모든 것을 품위있게 하고 질서있게 하라."(고린도전서 14장 40절)입니다.

종교개혁의 우선적인 원리는 '오직 성경'입니다. 이것이 교회의 결정이나 관습보다 더 우선합니다. 그렇다면 예배도 '오직 성경'의 원리를 적용할 수 있을까요? 예, 있습니다. 성경에는 하나님을 예배하는 데 필요한 모든 것들을 다 계시합니다. 따라서 우리는 그대로 적용하기만 하면 됩니다. 장로교예배원리에서 '오직 성경'의 원리를 적용한 것이 '예배의 규정적 원리'(Regulative Principle of Worship)입니다. 이 원리를 한마디로 말하면 '성경에서 명령한 것 외에는 금지'하는 겁니다. 그리고 이것과 대립되는 것이 '예배의 규범적 원리'(Normative principle of Worship)인데, 이는 '성경에서 금지한 것 외에는 허용'하는 겁니다. 장로교회는 로마교회와 잉글랜드국교회의 예배가 미신적이고 비성경적이라고 보고 '오직 성경'에 근거하여 예배를 구성하려고 합니다. 예식들도 포함하여 말입니다.

웨스트민스터 신앙고백서 1장(성경에 관하여) 6절은 다음과 같이 고백합니다.

> 하나님의 자기 영광과 사람의 구원 그리고 믿음과 생활에 필수불가결한 모든 일들에 관한 하나님의 협의 전부는 성경에 명시적으로 기록되어 있거나, 합당하고 필연

적인 추론을 통하여 성경에서 이끌어낼 수 있다. 이 성경에다 성령의 새로운 계시이든 사람의 전통이든 어떤 것이라도 어느 때에라도 덧붙여서는 안 된다. 그럼에도 우리는 말씀에 계시된 바를 이해하여 구원에 이르게 하는 데에 성령의 내적 조명이 필수불가결함을 인정한다. 또한 하나님께 드리는 예배, 교회의 치리, 인류의 행위와 공동체에 공통적인 사안 등은 항상 준수해야 하는 말씀의 일반 법칙들을 따라, 본성의 빛과 신자의 분별력으로 규정해야 한다.

'오직 성경'을 예배에 적용하는 것은 문자주의에 사로잡히는 것이 아닙니다. 오히려 여기에는 성경의 명시적인 기록(예배 때 말씀, 기도, 찬양, 성찬이 있어야 한다는 것), 합당하고 필연적인 추론(유아세례 등), 본성의 빛과 신자의 분별력(예배의 장소 및 시간 등)이 포함됩니다. '예배의 규정적 원리'도 예배를 제한시키는 것이 아니라 성경 외에는 그 어떤 것으로부터도 자유롭다는 것을 가르칩니다. 웨스트민스터 신앙고백서 제20장(그리스도인의 자유와 양심의 자유에 관하여) 2절에서도 이를 분명하게 고백합니다.

하나님께서는 홀로 양심의 주인이시며, 믿음과 예배의 문제에서 자기 말씀에 조금이라도 배치되거나 덧붙여진, 사람이 만든 교리와 계명으로부터 양심이 자유하게 하셨다. 그러므로 그런 교리를 믿거나 그런 계명을 순종하는 것은 양심의 참 자유를 배반한다. 맹신과 절대적이며 맹목적인 순종을 강요하는 것은 양심의 자유뿐만 아니라 이성을 파괴하고 말 것이다.

우리는 하나님의 말씀에 근거하지 않은 어떤 관습이나 규칙, 요소도 거부합니다. 그것이 우리의 양심을 얽어매지 못합니다(고해성사 등이 그런 예입니다). 우리는 오직 성경에만 얽매입니다. 그 외의 모든 것들로부터는 자유롭습니다. 웨스트민스터 신앙고백서 제21장(종교적 예배와 안식일에 대하여)은 '예배의 규정적 원리'를 더욱 분명하게 표현합니다. 즉 하나님을 예배하는 최선의 방법은 오직 하나님께서 제정하신 뜻에 제한된다는 겁니다.

본성의 빛은 만물 위에 주권과 통치권을 가지시고, 선하시며 만물에 대해 선을 행하시는 한 분 하나님께서 계심을 보여준다. 따라서 마음과 목숨과 힘을 다하여 그분을 경외하고 사랑하고 찬양하고 부르며 의뢰하고 섬겨야 한다. 그러나 참 하나님께서는 자기에게 예배드리는 것에 관한 받음직한 방식을 직접 제정하시고 자기가 계시하신 뜻으로 제한하셨으니, 사람의 고안물이나 상상, 혹은 사탄의 제안을 따라, 혹은 보이는 형상 아래에서, 혹은 성경에 지시되어 있지 않은 방식으로 하나님을 예배해서는 안 된다.

이렇듯 장로교회는 '오직 성경'을 예배에도 적용하는 것이 하나님을 기쁘시게 하는 것이요, 제2계명을 제대로 지키는 것으로 봅니다.

2) 웨스트민스터 예배지침

웨스트민스터 표준문서라고 하면 웨스트민스터 신앙고백서, 대교리문답, 소교리문답만을 생각하는데, 사실은 '웨스트민스터 공예배지침'이 가장 먼저 작성되어 채택되었습니다. 웨스트민스터 회의는 교회예배의 일치를 위해 '공예배지침'(The Directory for The Publick Worship of God)을 먼저 만들고, 그 다음에 교리를 만들었는데, 이것이 시사하는 바가 있습니다. 그것은 예배에 이미 교리가 다 포함되어 있음을 보이는 겁니다. 물론 교리가 예배를 만드는 것일 수도 있지만, 예배가 이미 교리의 표현입니다. 예배는 그냥 공허한 예식이 아닙니다. 사실 고대교회를 살펴봐도 예배로부터 고백과 교리가 만들어졌음을 알 수 있습니다.

웨스트민스터 공예배지침은 당시 잉글랜드 국교회가 강요하는 '공동기도서'(the Book of Common Prayer)를 대체하기 위해 만들어졌습니다. 즉 예배와 예식의 순서를 모두 고정시켜 놓고, 그곳에 수록되어 있는 기도문을 조금도 틀리지 않게 그대로 읽어야 하는 것에 대한 반발이었습니다. 이 기도서는 예식에만 치중하고 설교는 뒷전이었습니다. 기도서는 그대로 읽기만 하면 되었는데, 이를 따르지 않으면 목사직을 박탈당하기도 했습니다. 이는 주교직에 의해 교회와 예배를 일치시기 위함이었습니다. 이것은 성령의 자유로운 역사, 특히 말씀을 통한 역사를 제한하는 겁니다. 이에 청교도들은 오직 성경에 근거하여 양심의 자유를 해치지 않는 예배지침을 만들었는데, 그 서문에 이렇게 기록되어 있습니다.

> 우리는 이 시대에 우리를 불러주셔서 종교개혁에 더욱 박차를 가하게 하시는 하나님의 은혜로우신 경륜을

어느 정도 이루어 드리기를 원하며, 우리 자신이 지닌 신앙의 양심을 만족케 하는 동시에, 다른 개혁주의 교회의 기대와 우리 가운데 있는 많은 경건한 이들의 염원에 부응하기를 원한다. 아울러 엄숙 동맹에서 약속한 대로 거룩한 예배의 일치성을 이루기 위하여 노력하고 있음을 만천하에 공개적으로 알리기를 원한다.

웨스트민스터 공예배지침은 13장으로 구성되었는데, 가장 먼저 '회중의 회집'(1장)에 관해 말합니다. 그 다음 성경봉독(2장)과, 설교 이전의 기도(3장), 설교(4장), 설교 이후의 기도(5장), 세례와 성찬(6장)을 다룹니다. 이후에 주일의 의의(7장), 결혼예식(8장), 병자방문(9장), 장례(10장), 금식(11장), 감사의 날(13장), 시편 찬송(13장)을 다룹니다. 부록에서는 축제일과 예배장소를 다룹니다. 1~6장에서 제안한 예배순서를 보면, 예배의 부름(인도자) - 응답의 기도(회중) - 구약/신약성경봉독 – 시편찬송 – 죄고백 및 중보기도 – 설교 - 감사 및 복음전파를 위한 기도 – 주기도문(권장) - 시편찬송(상황 따라) - 강복선언 순입니다. 공예배지침은 예배요소에 대한 해설을 통해 자연스럽게 예배순서가 어떠해야 할지를 드러낼 뿐만 아니라 예배를 둘러싼 환경도 다룹니다.

[그림 9]
웨스트민스터 예배지침 출판본
1645년에 장기의회의 승인을 받은 예배지침은 스코틀랜드 의회의 의해 바로 승인되었고, 잉글랜드국교회의 공동기도서를 대체했습니다.

이 공예배지침에서는 기도와 설교와 찬송이 무엇보다 강조되어 있으며, 각종 예식에 대해 성경적으로 시행해야 할 것도 밝히고 있습니다. 물론 공예배지침은 지역의 관습이나 현재의 필요성 등도 충분히 고려합니다. 청교도들은 성경에 근거하여 예배의 일치를 원했지만, 그렇다고 자유를 잃게 되기를 원치는 않았습니다.

3) 공적인 일로서의 예배

잉글랜드의 청교도들과는 달리 대륙의 개혁교회는 공적

예배의 중요성을 일찍부터 깨달았기 때문에 예배요소와 순서를 교단총회를 통해 논의함으로써 구체적인 예배순서가 확립되기를 바랐습니다. 물론 이를 위해서 철저한 신학적인 토론과정을 거쳤습니다. 그 결과 2개 정도의 예배순서를 확정했는데, 만일 이것이 총회의 횡포가 될 경우에는 언제든지 반대할 수 있었습니다. 예배요소와 순서 확정에 있어 대륙의 개혁교회가 너무 엄격했다면, 오늘날 장로교회는 너무 느슨한 면이 있습니다. 개혁교회는 예배순서까지도 확정하여 교회에 제시했는데, 장로교회는 그렇게까지 하지는 않았습니다. 개혁교회가 교회의 자유를 억압하는 걸까요? 아니면 장로교회가 교회의 자유를 과신하는 걸까요?

한국장로교회는 대륙의 개혁교회 영향보다는 잉글랜드의 청교도들과 미국의 회중교회의 영향을 더 많이 받아서, 예배요소와 순서를 개 교회의 당회의 소관으로 돌리고 있습니다. 장로교회는 개 교회적으로 예배순서를 조정할 수 있는 길을 열어 주었습니다. 이런 조처가 교회의 하나됨에 심각한 장애로 작용하지 않는지 생각해봐야 합니다. 동일한 예배순서를 가지는 것이 자유를 상실하는 것은 아닙니다. 그 안에서도 얼마든지 큰 자유를 누릴 수 있기 때문입니다. 한국교회처럼 찬송가를 하나로 만든다고 해서 될 일이 아닙니다. 그보다 우리는 먼저 공예배가 말 그대로 교회의 공적인 일임을 재고해야 합니다. 그렇지 않으면 한 교단에 속해 있어도 다른 예배로 인해 한 교회에 속했다는 것을 확인하기 어려울 겁니다.

제 아무리 하나의 성경을 가지고 있어도 예배와 고백이 일치하지 않으면, 교회일치는 허상에 불과합니다. 그렇다면 어느 정도로 일치해야 할까요? 예배순서마저 하나로 확정해서 그대로 따르게 하는 것이 바람직할까요? 그런 방식은 로마교회로 돌아가는 것이 아닐까요? 그렇지 않습니다. 우리에게는 '예배지침'이 있습니다. 그것에 대한 '해설서'도 필요합니다. 더 나아가 '예전예식서'를 만들어 질서있게 예배와 예식을 진행해야 합니다. 경건한 예배, 단정한 예식을 위해서, 한 고백, 한 예배를 위해서 말입니다. 자유를 포기하지 않되, 일치 가운데 해야 합니다. 그것이 진정으로 성령으로 충만한 예배입니다. 교회는 예배를 통해 보편성을 확보할 뿐만 아니라 거룩성과 일치성을 확보합니다. 예배는 사사로운 일이 아닙니다. 예배는 교회의 가장 공적인 일이요, 가장 은혜로운 일입니다. 공예배를 대체할 수 있는 경건활동은 어디에도 없습니다.

◈ 토론을 위한 질문 ◈

1) '오직 성경'의 원리를 예배에 적용한 장로교예배원리는 무엇인가요?

2) '웨스트민스터 공예배지침'이 만들어진 배경은 무엇이고, 그것이 가진 규범성과 자유성은 무엇인가요?

3) 대륙의 개혁교회가 예배순서를 확정하여 교회일치를 도모한 것이 과도한 걸까요? 그것이 자유를 억압하는 걸까요?

나가면서

예배는 계속해서 발전해야 한다

지금까지 우리는 종교개혁과 예배를 살펴보았습니다. 종교개혁은 예배의 개혁입니다. 종교개혁은 예배를 '직분자의 인도로 온 회중이 하나님과 교제하는 언약갱신예식'으로 이해했습니다. 예배할 때, 신자는 시내산을 넘어, 예루살렘을 넘어 저 하늘에까지 이릅니다(히브리서 12장 18~24절). 신자는 회중에 속하여 가장 고귀한 천상의 체험을 합니다. 안타깝게도 오늘날에는 이런 언약적 성격을 무시하는 예배가 난무하고 있습니다. 예를 들어, 오늘날 인기를 끄는 '열린 예배'라는 것이 그렇습니다. 이 예배는 복잡한 예배순서를 단순화시킵니다. 찬양, 설교, 기도라는 단 세 가지 순서만을 가지고 예배를 구성합니다. 20~30분 동안 열정적으로 찬양하는데,

청년예배의 경우에는 각종 악기를 동원하여 감각적인 찬양, 소위 CCM을 열렬히 찬양합니다. 찬양이 끝나면, 설교자가 나와서 호소력있게 설교합니다. 설교 또한 전도 위주의 설교입니다. 아니, 전도설교라기보다는 세상 돌아가는 재미있는 이야기나 교훈적인 이야기로 점철되어 있습니다. 설교 후에는 통성기도를 하거나, 결신을 하게 하거나, 헌신을 끌어냅니다. 예배가 불신자를 향한 공연이 되어갑니다. 사실 이것은 예배라기보다 집회라고 불러야 합니다. 예배는 사람을 향해 열리기를 바라는 것만큼이나 하늘을 향해 열려야 합니다.

우리는 종교개혁자들이 부르짖었던 '은혜의 방편'을 소중하게 생각해야 합니다. 은혜의 방편(말씀과 성례)이 없으면 예배가 아닙니다. '은혜받았다는 것'은 감정적인 것만이 아닙니다. 강복선언(예배의 끝 순서인 소위 말하는 축도) 문구에도 있듯이, 은혜는 오직 그리스도를 통해 옵니다. 복음을 공적으로 선포하는 설교와 말씀을 보여주고 확증하는 성례가 시행되는 것이 참된 예배입니다. 물론 설교는 하나님의 말씀을 바르게 해석하고 적용해야 합니다. 하나님께서는 이 같은 목사의 설교를 통해서 지금도 우리에게 말씀하십니다. 따라서 굳이 은사자들의 예언을 들으러 다닐 필요가 없습니다. 설교가 곧 예언입니다. 또한 세례 받은 신자는 그 세례로 살 수 있습니다. 종교개혁자 루터는 의심이 들거나 마귀의 고소를 받을 때마다 '나는 세례받았다'고 하면서 모든 시험을 물리쳤다고 합니다. 성찬에 참여하는 것 역시 연약한 우리를 강건하게 할 겁니다.

한국교회의 예배는 너무나 역동적(?)입니다. 아이러니하게도 한국교회는 교파와 상관없이 이미 예배가 통일(?)되어 있습니다. 어느 교파 예배에 참석해도 큰 불편을 느낄 수 없습니다. 반면에 니케아 신경(고대 3대 신경 중의 하나)을 고백하거나, 십계명을 낭독하고 공적인 죄고백의 시간을 가지면 이상하게 생각합니다. 이단이 아닌가 하고 말입니다. 성례를 강조하는 것도 이상하게 생각합니다. 로마교회를 동경하는 것이 아닌가 하고 말입니다. 종교개혁이 말씀중심의 예배로 방향을 잘 잡긴 했지만, 성찬이해에 따른 분열과 미사에 대한 지나친 반작용을 보인 것이 원죄일 수도 있습니다. 중세교회는 예배 자체가 미사였기에 그리스도의 희생적인 죽으심을 생각할 수밖에 없었습니다. 우리는 1년에 3~4차례 시행하는 성찬식미지 너무나 형식적이고 감정적입니다. 성찬은 참된 믿음으로 그리스도의 죽으심과 부활에 참여하고, 그리스도를 온전히 받는 동시에 서로를 온전히 받는 성찬입니다. 현대교회는 세례조차도 제대로 시행하지 않습니다. 고대교회는 세례교육을 최소한 2년 이상 시행해 진실한 성도를 만들어 내었는데 말입니다. 이제 우리는 말씀과 성찬이 서로를 비추는 예배, 그리고 기도와 찬양과 연보 등으로 아름답게 응답하는 예배를 회복하기 위해 힘써야 합니다. 이런 예배가 교회와 신자들을 살릴 것입니다.

다시 말하지만, 공예배는 간증이나 처세술이나 강연이 아닙니다. 공예배는 하나님께서 자기 백성을 만나주시고, 자기 백성과 교회에 필요한 모든 은혜를 공급해 주시는 자리입니다. 예배만 잘 해도 됩니다. 예배에 목숨을 걸라는 말이 우연히 나온 말이 아닙니다. 한편 우리는 '오직 성경'에 근거하여 예배요소와 예배순서를 확정해야 하지만, 그렇다고 예배가 완결된 것은 아닙니다. "개혁한 교회는 계속적으로 개혁해야 한다."는 구호가 있듯이, 개혁한 교회는 자신의 시대와 문화의 영광을 예배 속에 가장 아름다운 방식으로 구현해낼 수 있어야 합니다. 우리가 최선의 노력과 최고의 것으로 예배한다 하더라도, 우리의 예배는 항상 부족할 수밖에 없습니다. 그렇지만 하나님께서는 그 부족한 예배를 통해서도 늘 영광 받으십니다. 우리의 예배는 이 지상에서만이 아니라 하늘나라에서까지 영원토록 이어질 겁니다. 저 하늘나라에서 예배할 영광을 미리 맛보고 누리는 것이 이 지상에서의 예배입니다.

<부록>
공예배순서 해설

 아래의 공예배순서는 '예배의 규정적 원리'와 '웨스트민스터 예배지침'에 근거하되, 대륙의 개혁교회 예배순서를 적극적으로 수용하여 만든 예배순서입니다. 이 예배는 고신총회 헌법 '예배지침'(제3장 주일예배)에 그 순서가 나와 있기도 합니다. 예배를 공연에 비기는 경우도 있지만, 한 가지 분명한 것은 하나의 분명한 흐름을 가지고 예배가 진행되어야 한다는 겁니다.

하나님이 부르십니다(God calls us)

 (↑) 하나님을 부름(시편 124편 8절)
 (↓) 하나님의 인사(로마서 1장 7절; 요한계시록 1장 4~5절)

(↑) 신앙고백(사도신경, 니케아신경)

(↑) 영광송

하나님이 용서하십니다(God cleanses us)

(↓) 십계명(출애굽기 20장 2~17절; 신명기 5장 6~21절)

(↑) 공적회개

(↓) 사죄선언(히브리서 7장 24~25절; 요한복음 3장 16절; 디모데전서 1장 15절; 사도행전 10장 43절; 요한일서 2장 1~2절)

(↑) 감사송

(↑) 대표기도

하나님이 말씀하십니다(God insturcts us)

(↓) 성경봉독

(↑) 조명위한 기도

(↓) 설교

(↑) 응답송

(↓) (↑) 세례 (필요시)

(↓) (↑) 성찬식 (한 달에 한번)

하나님이 보내십니다(God commissions us)

(↑) 헌금

(↔) 성도의 교제

(↑) 마침송

(↓) 강복선언(민수기 6장 24~26절; 고린도후서 13장 13절)

하나님이 부르십니다(God calls us)

예배의 첫 번째 파트를 '하나님이 부르십니다'로 부를 수 있습니다. 신자는 개인적으로 삼위 하나님의 부르심을 받았지만, 예배를 통해 지속적으로 하나님의 새로운 부름을 받게 됩니다. 하나님의 불러내심이 예배를 시작합니다. 이 파트에는 하나님을 부름, 하나님의 인사, 신앙고백, 영광송의 순서들이 있습니다.

(↑) 하나님을 부름 - 누가 누구를 부르는가?

예배의 첫 순서는 '하나님을 부름'입니다. '예배부름'이라고도 하는데, 전통적으로 서방교회는 'Votum'이라는 라틴어로 이를 표현했고, 종교개혁 이후에도 이 용어를 그대로 사용했습니다. 종교개혁자 칼빈은 이를 위해 중세시대에서 내려오던 시편 124편 8절을 사용했습니다. 원래 이 Votum은 헌신이나 서약을 할 때 사용하던 세속용어인데, 교회가 그 용어에 세례를 주어 사용했습니다. '예배부름', '예배초청'이라고도 불리는 이 순서의 화살표 방향을 보면, 마치 교회가 하나님을 부른다고 오해할 수 있습니다. 아닙니다. 하나님께서 자기 백성을 불러 모으셔야 비로소 그들이 하나님을 예배하는 회중이 됩니다. 이런 하나님의 부름을 전제하고서 회중은 천지를 지으신 하나님께 도움을 요청하고 충성을 맹세합니다. 하나님의 부르심이 회중의 부름을 불러냅니다. 이런 시작은 한국교회가 전통적으로 하듯이 '묵도함으로 예배를 시작하겠습니다.'라는 문구보다 훨씬 더 언약적입니다.

(↓) 하나님의 인사 - 왜 하나님께서 인사하시는가?

회중이 삼위 하나님을 향해 도움을 요청하면, 하나님께서 찾아와 주셔서 '인사'를 해 주십니다(로마서 1장 7절; 고린도전서 1장 3절; 요한계시록 1장 4~5절). 바울 사도가 교회를 향해 "하나님과 예수 그리스도로 말미암아 은혜와 평강이 있기를 원한다."고 인사했던 것이 이것입니다. 어떤 교회들에서는 목사가 회중과 더불어 인사를 주고받는다거나(목사: "하나님께서 여러분과 함께 하시길", 회중: "목사님과도 함께 하시길"), 신자들끼리 인사하도록 유도하는 경우가("우리 서로 인사합시다. 주의 이름으로 축복합니다." 등) 많습니다. 이런 인사보다 하나님께서 예배 인도자를 통해 말을 걸어오시고, 손을 내미시고, 복을 선언해주신다는 것이 이 순서의 주된 의미입니다. 특히 이 순서는 예배 마지막 순서인 '강복선언'과 짝을 이루는 만큼 동일하게 복을 선언해주시는 겁니다. 즉 하나님의 복 선언이 예배 시작과 끝을 감싸고 있습니다.

(↑) 영광송 - 하나님께 영광돌리는 찬송이란 무엇인가?

예배에 찬송이 있는 것은 당연합니다. 찬송 자체가 하나의 예배이기도 합니다. 홍해를 건넌 이스라엘 백성은 애굽의 군대가 홍해에 수장된 것을 보고는 하나님의 크신 권능을 노래했습니다(출애굽기 15장). 흥미로운 것은 하늘로부터 임하는 마지막 재앙을 언급하는 요한계시록 15장에서 어린양으로 인해 최종 승리한 하나님의 백성들이 부를 노래가 흘러간 옛 노래인 '모세의 노래'라고 말한다는 겁니다. 예배 첫 파트에서 회중은 하나님의 거룩한 임제 기운 데로 들어가면서 하나님의 영광을 찬송합니다. 우리가 사용하는 새 찬송가 3장, 4장, 7장 등을 보면, 글로리아 파트리(Gloria Patri)라는 표제가 붙어 있는데, 이는 초대교회가 불렀던 성부께 영광을 돌리는 영광송을 뜻합니다. 이런 영광송을 부르다보면, 타임머신을 타고 고대로 돌아가 초대교회 신자들과 하나가 되는 놀라운 경험을 하게 됩니다. 하나님을 부름, 하나님의 인사 그리고 회중의 첫 번째 찬송(영광송)을 '예배 시작의 세 가지'라고 부릅니다.

(↑) 신앙고백- 고백이 꼭 필요한가?

'예배 시작의 세 가지' 사이에 신앙고백을 넣을 수도 있습니다. 신앙고백을 왜 예배 시작부분에 넣을까요? 기독교 신앙이 마음으로 믿고 끝나는 것이 아니라 '시인'(是認, 헬라어 '호모로게오'; 비교, 마태복음 10장 32절; 누가복음 12장 8절)에 이르러야 하기 때문입니다. '시인'은 공개적으로 자신의 믿음을 고백하는 겁니다. 교회역사를 살펴보면, '신앙고백'이 예배 이곳저곳을 떠돌았는데, 그래서 '예배의 집시'라고 부르기도 했습니다. 그런데 신앙고백은 뒤로 미루어 놓기보다 하나님의 인사를 받은 바로 다음에 두는 것이 좋습니다. 신앙고백의 문구는 성경에 없는 것이니만큼 '오직 성경'의 원리에 맞지 않는다고 말하는 이들도 있지만, 공교회성에 충실하기 위해서라도 사도신경(또는 니케아 신경)을 사용하는 것이 좋습니다. 신앙고백은 컴퓨터의 '패스

워드'와 같은데, '열려라 참깨'처럼 하나님의 궁전문을 힘껏 열어 제키는 역할을 합니다. 영광송과 신앙고백을 한 다음에 회중은 착석합니다.

하나님이 용서하십니다(God cleanses us)

예배의 두 번째 파트는 '하나님이 용서하십니다'로 부를 수 있습니다. 예배하는 회중은 이미 용서받은 자들입니다. 하나님의 회중은 그리스도가 오시지 않은 것처럼, 죄의 용서를 처음으로 구하는 것이 아닙니다. 예배가 언약의 갱신이기에, 이 파트는 우리가 스스로의 의에 근거해서 하나님 앞에 설 수 있는 것이 아님을 끊임없이 상기시킵니다. 개인적으로 매일 용서를 구했지만, 이 시간에 그리스도의 몸을 이루어 공적으로 고백하는 겁니다. 이 파트에는 십계명낭독, 공적회개, 사죄선언, 감사송이 있습니다.

(1) 십계명 - 왜 율법을 낭독하는가?

하나님께서 우리를 용서하신다는 파트를 이끌고 있는 순서가 '십계명'입니다. 종교개혁자 칼빈은 스트라스부르의 개혁자 마르틴 부써로부터 배워서 이 십계명을 예배 때 도입

했습니다. 십계명은 구약시대의 율법인데, 왜 신약교회가 예배 때 십계명을 교독(낭독)해야 할까요? 종교개혁자 마르틴 루터는 십계명의 가장 중요한 용법을 사람의 죄를 지적하는 것으로 보았습니다. 그는 설교조차도 율법선포가 먼저이고, 그 다음에 복음을 선포해야 한다고 보았습니다. 종교개혁자들은 십계명이란 말보다 '언약의 열 가지 말씀들'이라는 표현을 좋아했습니다. 이렇듯 십계명은 구약의 율법에 불과한 것이 아니라 구원받은 언약 백성들에게 주신 언약의 말씀입니다. 십계명을 선포함으로써 우리는 구약교회와의 연속성을 고백할 뿐만 아니라 예수 그리스도를 힘입지 않고서는 하나님 앞에 설 수 없음을 고백합니다. 대륙의 개혁교회는 주일오전예배 때는 구약의 언약법전인 십계명을, 그리고 주일오후예배 때는 신약교회의 고백인 사도신경을 배치함으로써 옛 언약과 새 언약의 연속성과 통일성을 고백합니다.

(↑) 공적회개 - 왜 또 다시 회개기도를 하는가?

예배 인도자가 십계명을 읽고 나면 온 회중은 그 말씀으로 자신들을 비추어 회개하는 시간을 가집니다. 예배 도중에 회개기도하는 시간을 따로 가지는 것이 합당할까요? 중세교회는 미사에 참여하기 전에 사제에게 사적인 고해(마음으로의 통회, 입으로의 고백, 행위로의 보속)를 해야 했습니다. 종교개혁은 이것을 예배에서 공적으로 회개하도록 바꾸었습니다. 예배 때의 공적회개란 말 그대로 다른 사람이 알아듣도록 비밀한 죄를 공개하는 자리가 아닙니다. 그보다는 공적인 것으로 회개의 기도문을 같이 읽을 수도 있고, 신자 각자가 자신의 죄를 개인적으로 조용하게 회개하는 방식을 취할 수도 있습니다. 어떤 형식이 되었든지 예배하는 하나님의 회중이 공적으로 회개하는 자리임을 잊지 말아야 합니다.

(↓) 사죄선언 – 고해성사의 잔재가 아닌가?

공적회개의 순서를 가지는 것은 예배 인도자인 목사가 '사죄선언'의 말씀을 선포하는 것을 듣기 위함입니다. 이것이야말로 '중세교회의 고해성사의 잔재가 아닌가?'라고 의문을 제기할 수 있습니다. 실제로 개혁자 칼빈이 제네바로 돌아와서 이 순서를 예배에 도입하고자 했을 때 시의회가 강력하게 반대했습니다. 이후로 대부분의 개혁교회 내에서도 이 순서는 자취를 감춥니다. 개혁자 루터가 고해성사를 거부하면서도 사죄선언의 중요성 때문에 고해제도를 유지한 것이나 개혁자 칼빈이 공예배 때 이 순서를 도입한 것은 바람직합니다. 한국교회와 같이 사죄의 확신을 개인적이고

신비적인 방식으로 확인하려고 하는 상황에서는 더더욱 이 순서가 필요합니다. 개혁자들은 이 순서에 조건을 달아서 용서를 선포했지만, 우리는 성경구절(히브리서 7장 24~25절; 요한복음 3장 16절; 디모데전서 1장 15절; 사도행전 10장 43절; 요한일서 2장 1~2절 등)을 그대로 읽음으로써 용서의 말씀을 선포하는 것이 좋습니다.

(↑) 감사송 - 어떤 감사찬송도 상관없을까?

용서의 파트에서 우리는 두 번째 찬송을 합니다. 교회가 이 부분에서 노래한 곡을 전통적으로 키리에 엘레이손(Kyrie eleison)이라고 부르는데, '주여, 우리를 불쌍히 여기소서.'라는 가사의 곡입니다. 새 찬송가는 632장에 딱 한 곡 수록되어 있습니다. 십계명이 이 찬송과 함께 자리할 수도 있습니다. 종교개혁자 칼빈은 십계명을 회개기도와 사죄선언 다음에 배치했습니다. 칼빈은 루터와는 달리 율법이 용서받은 죄인이 어떻게 감사하며 살 것인지도 보여준다고 보았기 때문입니다. 스트라스부르 예식서를 보면, 십계명을 노래하는 동안 각 연이 마칠 때 이 키리에 엘레이손을 후렴구처럼 불렀는데, 이것의 기원은 주후 4세기까지 거슬러 올라갑니다. 신약성경에도 이 표현이 여러 번 등장합니다(마태복음 15장 22,25절; 20장 20,30절 등). 새 찬송가에는 그리스도의 대속사역을 노래하는 찬송들이 많기 때문에, 비단 키리에 엘레이손뿐만 아니라 구속의 은혜를 감사하는 찬송을 잘 선별해서 불러야 합니다.

(↑) 대표기도 - 누가, 무슨 내용으로 기도할 것인가?

예배인도자인 목사는 회중을 대표하여 기도를 인도하는 자이기도 합니다. 한국교회에서는 이 기도를 '대표기도'라고 부르며, 주로 장로들이 합니다. 그런데 대륙의 개혁교회에서는 설교 후에 이 기도순서를 넣어 '기독교의 모든 필요를 구하는 기도'(A Prayer for all the needs of Christendom)라고 부르며, 목사가 회중을 대표해서 기도했습니다. 이는 하나님의 말씀을 해명하는 동시에 기독교회가 구할 수 있는 모든 내용들을 다 포함하기 위함이었습니다. 한국교회에서는 이를 '목회기도'라고 부르기도 합니다. 신자들은 이 기도를 통해 하나님의 백성들이 하나님께 구할 수 있는 내용이 어떤 것인지를 배웁니다.

하나님이 말씀하십니다(God instructs us)

예배의 세 번째 파트는 '하나님이 말씀하십니다'로 부를 수 있습니다. 예배 시작부터 하나님의 임재가 넘쳐나며, 모든 순서들마다 하나님께서 자기 백성들에게 은혜를 베푸심을 보여줍니다. 이 세 번째 파트에서 비로소 하나님께서 세우신 직분자를 통해 말씀을 구체적으로 풀어 해명해 주십니다. 물론 모든 예배순서가 설교를 중심으로 꿰맞추어져 있다는 말은 아닙니다. 다만 이제 하나님께서 말씀의 사역자를 통해 회중에게 구체적으로 말씀하시는 복을 누리게 된다는 겁니다. 이 파트에는 성경봉독, 조명기도, 설교, 응답송이 있습니다.

(1) 성경봉독 - 교인 중에 성경을 봉독해도 되는가?

설교 직전에 성경봉독을 합니다. 우리는 설교할 본문만 낭독하는데, 교회사에서 성경봉독은 성경 전체와 관련을 맺습니다. 이것을 렉시오나리(Lectionary)라고 불렀습니다. 회당에서는 율법과 선지서 두 부분을 낭독했고, 이후 신약 교회에서는 구약의 말씀뿐만 아니라 복음서와 서신서의 말씀도 낭독했습니다. 교회절기에 맞추어 정해진 성경본문을 읽기도 했습니다. 또한 어떤 특정한 본문을 정해서 연속으로 읽기도 했습니다. 설교 직전의 성경낭독은 설교할 본문과 관련된 성경구절들의 낭독입니다. 이는 설교와 별개의 것이 아닙니다. 설교와 상호보완적입니다. 본문은 하나님께서 회중 전체에게 주신 말씀이기에 신자 중에서 잘 준비하여 봉독할 수도 있습니다. 회중의 한 사람이 성경을 낭독하면, 그 말씀이 온 회중을 위한 하나님의 말씀임을 알고 감격하게 될 겁니다. 설교시간에 서 있기는 어렵기 때문에 성경봉독의 시간만큼은 서서 듣는 것도 고려해볼 만합니다(느헤미야 8장 5절).

(↑) 조명기도/찬송 - 찬양대의 찬송이 왜 있는가?

성경봉독 후에는 바로 설교로 들어가는 것도 좋고, 말씀을 받기 위한 다른 간단한 순서를 넣는 것도 좋습니다. 예를 들어, 설교할 목사가 말씀의 조명을 구하는 기도를 하거나 온 회중이 말씀을 감사함으로 받겠다는 찬송을 하는 겁니다. 한국교회에서는 전통적으로 찬양대의 찬양순서가 이곳에 자리합니다. 따라서 찬양대의 찬송은 가능한 그 날의 설교와 관련된 것이 좋지만, 현실적으로는 고려하기가 힘든 일입니다. 그렇더라도 찬양대의 찬송은 공연을 위함이 아니라 온 회중과 함께 하나님의 말씀 앞으로 나아가는 것임을 명심해야 합니다. 중세교회는 회중들에게서 찬송을 빼앗아 사제들의 전유물로 만들었지만, 종교개혁은 다시 회중들에게 찬송을 돌려주었습니다.

(↓) 설교 - 하나님께서 지금도 말씀하시는가?

종교개혁은 공예배에서 설교를 가장 중요한 순서로 봅니다. 특히 대륙의 개혁교회는 설교단을 아주 높은 곳에 배치함으로써 이를 잘 드러냈습니다. 예배를 인도하는 목사의 입장에서는 설교 이전의 순서들을 대충 지나보내고 설교에 집중하려는 생각에 사로잡힐 수 있습니다. 하지만 설교 이전의 순서들은 설교를 위해 준비하는 순서들로 보기보다는 그것 자체로 하나님과의 교제를 점층적으로 표현해가는 과정으로 보는 것이 좋습니다. 설교시간에 목사는 하나님의 영광스러운 입이 되어 봉독한 하나님의 말씀을 해설하고 적용합니다. 설교는 성경공부도 아니고 강연도 아닙니다. 개혁자들은 설교에 '예언적'이고 '체질하는 효과'가 있다고 생각했습니다. 바르고 깊고 풍성하게 선포된 설교는 항상 효력을 가져온다고 확신했습니다. 물론 하나님의 말씀은 성경봉독부터 이미 시작하며, 그 본문이 적용을 제한하며 인도합니다. 하나님께서 설교를 통해 지금도 말씀하신다는 것을 아는 회중은 참으로 복됩니다.

(↑) 응답송 - 아멘으로만 노래해도 되지 않을까?

　공적인 말씀의 선포 후에 회중은 그 말씀에 대한 반응으로 감사하면서 '응답송'을 합니다. 이때 찬송은 설교의 내용을 묵상하는 찬송이면 좋습니다. 매주일 설교할 본문을 선택하는 일도 힘든 일이지만, 설교 후에 부를 찬송, 응답송을 선택하는 것도 여간 힘든 일이 아닙니다. 그만큼 설교에 딱 맞아 떨어지는 찬송을 찾기가 쉽지 않습니다. 그런 때는 그냥 '아멘송'을 하는 것도 좋습니다. 새 찬송가는 640장부터 아멘송입니다. 두 번의 아멘, 세 번의 아멘, 네 번의 아멘, 일곱 번의 아멘 등이 있습니다. 하나님의 모든 약속은 그리스도를 통해 아멘이 됩니다. 하나님께서 선포해주신 말씀에 온 회중이 많은 물소리와 같은 아멘으로 화답하는 것이야말로 참으로 아름다운 장면입니다.

(↓) (↑) 세례나 성찬 - 자주 시행할 수는 없을까?

　성례에 상향성과 하향성의 두 화살표로 표시한 것은 성례가 하나님의 약속을 인치는 것이기 때문입니다. 즉 하나님께서는 약속하신 것을 마침내 이루셨고, 하나님의 백성들은 감사함으로 그 약속을 받아 하나님께 충성을 고백합니다. 성례는 약속의 말씀을 인치는 것이기 때문에 설교 후에

오는 것이 자연스럽습니다. 세례는 그리스도와 함께 죽고, 그리스도와 함께 살아난 것을 확증하는 성례이기 때문에 잘 준비하여 진행해야 합니다. 세례의 방식(세례냐, 침례냐)보다 중요한 것은 유아세례입니다. 언약의 자녀가 예배에 참석하는 첫 주일에 세례를 베푸는 것이 좋겠습니다. 하나님께서 언약의 자녀가 인침을 받는 것을 기다리시기 때문입니다. 또한 가능한 예배에서 성찬식이 자주 베풀어져야 합니다. 성찬은 신자 개인의 믿음을 강화시킬 뿐만 아니라 교회의 하나됨을 구현하는 길이 되기 때문입니다.

하나님이 보내십니다(God commissions us)

예배의 마지막 파트는 '하나님이 보내십니다'로 부를 수 있습니다. 회중은 이제 하나님과 이웃에 대한 헌신을 표명합니다. 하나님께서는 한 주간 동안 함께 해 주실 것을 약속하시면서 백성들을 세상으로 파송하십니다. 부활하신 그리스도께서도 제자들을 불러 모아 세상으로 보내셨습니다. 마찬가지로 삼위 하나님께서도 백성들을 세상으로 보내시면서 그들과 함께해 주실 것을 가시적으로 보여주십니다. 예배는 끝나는 것이 아니라 삶의 예배로 이어져야 합니다. 이 파트에는 헌금, 성도의 교제, 마침송, 강복선언이 있습니다.

(1) 헌금 - 헌금시간이 왜 사라졌는가?

신자는 예배를 통해 다양한 헌신을 표현합니다. 하나님을 향한 헌신만이 아니라 서로를 향해서도 헌신을 표현합니다. 흥미롭게도 헌금은 라틴어로 '콜렉타'(Collecta)라고 불립니다. 이는 원래 '모이는 것'을 가리켰습니다. 즉 예배에 모인 회중이 개인적으로 조용히 기도한 후에 사제 주위로 모이는 것이었습니다. 그런데 세월이 흐르면서 이 용어가 헌금 순서를 가리키는 전문용어로 자리잡았습니다. 이 단어의 영어번역은 컬렉션(Collection)입니다. 예전에는 '연보'라는 말을 종종 썼는데, 이는 가난한 사람들을 돕기 위해 거두는 기부금이라는 뜻입니다. 이 단어는 고린도후서 8장과 9장에 집중적으로 언급됩니다. 그리고 연보와 관련된 직분이 집사직인데, 이는 식탁봉사라는 구체적인 상황에서 나왔듯이, 신자들의 물질적인 필요를 채우는 직분입니다. 개혁한 교회는 집사를 '자비의 봉사자'라고 부르고, 헌금순서를 '자비의 봉사'라고 부릅니다. 요즘 교회들은 예배당 입구에 헌금함을 설치해 놓지만, 그보다는 예배시간에 회중의 헌신을 구체적으로 표현하는 헌금시간을 가지는 것이 좋습니다.

(↔) 성도의 교제 - 광고가 예배 안에 들어와도 되는가?

예배 마지막에 '성도의 교제'라는 순서를 넣을 수 있습니다. 소위 '광고' 순서로 알려져 있지만, 광고를 성도의 교제라는 말로 바꾼 것은 이 순서가 신자 개인이나 가정사에 대해 시시콜콜하게 알리기보다는 성도의 교제라는 공적인 측면을 강조하기 위함입니다. 이 시간에 교회가 공적으로 기도할 내용이라든가, 새로운 신자를 소개한다든가, 먼 곳으로 이사하여 이명하는 교인들에게 인사하는 시간을 주는 것 등이 필요합니다. 광고는 하나님께 영광을 돌리는 순서가 아니기 때문에 예배 시작 전이나 예배를 마친 후에 하는 것이 좋다고 하는데, 만일 예배의 시작과 마침에 방해가 되지 않는다면 얼마든지 가능합니다. 목사의 설교가 길다고 불평하는 분들이 광고를 위해서는 10분 이상을 사용하는 경우도 있는데, 광고시간은 가능한 짧은 것이 좋습니다. 광고조차도 공적인 일이라는 사실을 명심해야 합니다.

(↑) 마침송 - 진군가로 생각할 수 있는가?

예배의 마지막 부분에도 찬송이 있습니다. 하나님께서 자기 백성을 세상으로 파송하시기 직전에 찬송하는 겁니다. 그리스도의 한 몸을 이루어서 하나님께 나아갔던 신자들은 이

제 자신의 삶의 터전으로 뿔뿔이 흩어집니다. 오후예배(혹 저녁예배)가 있기는 하지만, 예배의 마침은 세상으로 나아가는 것과 관련을 맺습니다. 하나님께서 '굿 바이, 잘 가!' 하시면서 신자들을 배웅하시는 것이 아닙니다. 하나님께서는 예배를 마치고 세상으로 나아가는 신자들과 함께 세상으로 나아가십니다. 예배 마침 찬송은 하나님의 군대인 신자들이 세상으로 힘있게 행진하는 진군가입니다. 이 곡은 신중하게 그러면서도 회중에게 익숙한 곡을 선곡하는 것이 좋습니다. 예배 마침 찬송을 '주기도송'으로 하는 것도 가능합니다(물론 성찬식에서 주기도문을 하는 것이 더 좋습니다).

(↓) 강복선언 - 예배의 끝인가, 아니면 절정인가?

예배의 마지막 순서는 강복선언입니다. 한국교회에서는 '축도'(祝禱)라는 용어로 통일해서 사용합니다. 축도라는 것은 '복을 빌어주는 기도'라는 뜻입니다. 대개는 민수기 6장 24-26절의 대제사장의 복선언, 고린도후서 13장 13절의 삼위 하나님의 복선언을 사용합니다. 이 순서는 기도가 아니라 목사가 하나님의 복이 내리기를 선언하는 겁니다. 그래서 '강복선언'이라는 표현이 좋습니다. 이 강복선언을 상징하는 것이 목사가 두 손을 높이 드는 겁니다. 하나님께서는 목사를 통해 한 주간 세상에서 살아갈 신자들에게 복을 주시면서 동행을 약속하십니다. 그리스도께서 두 손을 들고 복을 주시면서 승천하신 장면(마가복음 24장 50~53절)이 이 순서를 통해 더욱 분명하게 계시됩니다. 강복선언은 예배의 마지막 순서이지만, 대륙의 개혁교회의 지적처럼, '예배의 절정'이라고 불러도 됩니다.

참고문헌

리차드 A. 멀러, 로우랜드 S. 워드. 『웨스트민스터 총회의 실천』, 곽계일 역, R&R, 2014.

안재경. 『예배, 교회의 얼굴』, 그라티아, 2015.

윌리엄 맥스웰. 『예배의 발전과 그 형태』, 쿰란출판사, 1996.

유해무. 『예배의 개혁, 참된 교회 개혁의 길』, 그라티아, 2013.

카렐 데던스. 『예배, 하나님만을 향하게 하라』, 김철규 역, SFC, 2014.

판 도른. 『예배의 아름다움』, 안재경 역, SFC, 1993.

히뽈리뚜스. 『사도전승』, 이형우 역주, 분도출판사, 1992.

Frank C. Senn. *Christian Liturgy,* Fortress Press, 1997.